何叔衡

中共一大代表丛书

杨 青 著

中共党史出版社

图书在版编目（CIP）数据

何叔衡 / 杨青著 . -- 北京 ： 中共党史出版社，
2024.1
（中共一大代表丛书）
ISBN 978-7-5098-6471-5

Ⅰ．①何… Ⅱ．①杨… Ⅲ．①何叔衡（1876-1935）
—传记 Ⅳ．① K827=6

中国国家版本馆 CIP 数据核字（2023）第 232466 号

书　　名：何叔衡
作　　者：杨　青
──────────────────────────────
出版发行：**中共党史出版社**
责任编辑：李亚平
社　　址：北京市海淀区芙蓉里南街 6 号院 1 号楼　　邮编：100080
网　　址：www.dscbs.com
经　　销：新华书店
印　　刷：天津鑫旭阳印刷有限公司
开　　本：710mm×1000mm　1/16
字　　数：180 千字
印　　张：13.5
版　　次：2024 年 1 月第 1 版
印　　次：2024 年 1 月第 1 次印刷
书　　号：ISBN　978-7-5098-6471-5
定　　价：56.00 元
──────────────────────────────
此书如有印装质量问题，请联系中共党史出版社读者服务部　电话：010-83072535

出版说明

　　《中共一大代表丛书》经原中共中央党史研究室审定，于 1997 年由河北人民出版社推出第一版，时任中共中央党史研究室副主任郑惠和全国中共党史学会副会长、北京师范大学教授张静如担任主编。该丛书收录了参加中共一大的代表传记，这些代表是：上海的李达、李汉俊，北京的张国焘、刘仁静，长沙的毛泽东、何叔衡，武汉的董必武、陈潭秋，济南的王尽美、邓恩铭，广州的陈公博，旅日的周佛海；包惠僧受陈独秀派遣出席了会议。丛书中《毛泽东》《张国焘》《刘仁静》等 9 位传主的传记是当时国内出版的第一本完整的传记（分别是 45 万字到 20 万字不等）。丛书面世 20 多年来，在社会上产生了较大的反响，赢得众多读者的广泛关注和好评。令人痛惜的是，丛书的两位主编已经分别于 2003 年和 2016 年仙逝。中国共产党已走过百年奋斗历程，历经辗转，我们分别和各册传主的作者或家属取得联系，请他们对书稿内容进行充实、文字进行完善、史实进行校订，由中共党史出版社再版发行。

　　丛书能够再版，要特别致敬郑惠和张静如两位老先生，也衷心感谢丛书的副主编张树军、萧寒、肖功柄。并感谢为丛书出版付出过辛苦努力的河北人民出版社马千海、荆彦周等同人。

中共党史出版社

2024 年 1 月

总　序

古老的东方有一条龙，她的名字叫中国。她有过自己的辉煌。

然而，当世界之舟驶入近代港湾时，这条巨龙却喘息着落伍了。

20世纪初的中国，内忧外患，满目疮痍。无数觉醒的中国人以各种方式，探寻着救亡图存的道路。

当时间老人迈着沉重的步子，蹒跚地走进20世纪20年代的时候，一件开天辟地的伟大事件悄悄地降临了。

1921年7月，13位年龄不一、口音不同、装束各异的年轻人，肩负着全国50多名党员的重托，在上海秘密聚会，宣告了中国共产党的诞生。从此，在古老落后的中国大地上，出现了完全新式的、以马克思列宁主义为行动指南的、统一的和唯一的无产阶级政党。

这次被命名为中国共产党第一次全国代表大会的历史性聚会，是在反动统治的白色恐怖下秘密举行的，除了会场一度遭到暗探和巡捕的骚扰以外，在社会上并没有引起任何注意，好像什么事情也没有发生。但是，一个新的革命火种由此在沉沉黑夜的中国大地上点燃起来了，中国历史将由她谱写出全新的篇章。

斗转星移！

在20世纪即将过去的时候，当年仅有50多人的中国共产党，已经发展成为拥有5800多万党员的执政党。在中国共产党成立后76年的历史过程中，她领导中国革命和建设，历经坎坷，取得了辉煌的胜利和举世瞩目的成就。

如今，参加中共一大的代表都已过世。追寻他们的人生足迹和思想历程，从中探求人生的价值，寻觅历史发展的轨迹，揭示社会发展的规律，成为后人特别是历史学家说不尽道不完的话题。

大浪淘沙！

当年一同参加中共一大的代表，由于种种原因，后来走上了不同的人生之路。毕生为党的事业奋斗者有之，为人民的解放而献身者有之，中途脱党者有之，背叛革命者有之，沦为汉奸者有之。他们的曲折经历，尽现了复杂离奇的社会变迁，折射出剧烈动荡的时代特点。

这种复杂的情况，也就成为后来人研究中共一大代表的难点所在。

多少年来，研究中共一大代表的生平和思想，为他们各写一部传记的想法，一直萦绕在我们的脑海。这也是我们作为史学工作者的义不容辞的责任。1995 年七八月间，我们和河北人民出版社经过周密策划，邀请有关专家学者，正式启动了这一工程。

历史著作和人物传记的生命在于真实。只有真实，冷冰冰的书籍才会流淌生动的音符，才会涌动生命的活力。要做到这一点，最重要的是材料和方法。历史人物的传记写得成功与否，全赖于此。有了准确的材料和科学的方法之后，最重要的是搞清楚和把握住历史人物一生最根本的追求是什么，并把历史人物活动的时空环境尽可能地再现出来，把历史的真实再现出来，从而给历史人物一个比较准确的历史定位。这样写出来的历史人物传记，才会给读者一个大体逼真的历史人物形象。这也正是我们这套丛书所努力的目标。

为此，我们提出了四条编写原则：（一）据实直书而不拘泥于定论，以确凿的历史资料为依据，实事求是地秉笔直书，注重思想性、科学性、学术性。（二）史料丰富而不至于芜杂，挖掘和采用真实可靠的具有历史价值的史料，去粗取精，摒弃似是而非、查无实据的材料，严禁杜撰情节。（三）重点突出而不平铺直叙，结合社会历史背景，突出写传主的活动，以人和事贯穿全书，兼顾传主的思想发展和个人生活，写出传主的性格特点和人生色彩。（四）文字生动而不求浮艳华丽，力求达到语言生动活泼，优美流畅，有较强的可读性。

基于上述目标和原则，同时也考虑到中共一大代表各自不同的多面人生，我们在编写这套丛书时，还强调发挥各本书作者的主动性和创造性，作者可以阐发自己的观点，体例和风格也不强求完全一致。人物传记本来就没有一种模式、一个套路。作者在求真的前提下，以不同风格、不同体例来撰写人物传记，也可体现出人物传记写作的多样化和丰富性。

历时两载，我们编写的这套丛书终于和广大读者见面了。如果读者朋友特别是青年朋友能从这套丛书中得到或多或少的收获，那将是我们的最大快乐和欣慰。

需要特别指出的是，在参加中共一大的代表中，周佛海、陈公博、张国焘等人先后走上了党和人民的对立面。这从一个方面证明了树立正确的世界观、人生观，是何等的重要。对于这些人，我们按照实事求是的原则，把他们放在具体的历史环境中，直书他们的人生，分析他们的变化，其目的，一是真实地反映历史，二是希望从中得出一些有益的教训。

回过头来看这套丛书，我们所确定的目标和原则，可以说有些达到了，有些则还没有达到，或者说没有完全达到，留下了一些遗憾。这一方面是由于挖掘的资料还不够充分，另一方面，也与我们的水平和方法有关。我们热忱地欢迎广大读者朋友批评指正。

最后，我们还想强调两点：一是我们在编写这套丛书时，参考了许多史学家的研究成果，吸收了他们的最新研究成果，借本书出版之际，对这些同行表示诚挚的谢意。二是我们在编写这套丛书的过程中，得到了史学界、出版界以及有关部门的大力支持和帮助，特别是中共中央党史研究室的 10 余位专家顶着酷暑，为我们审阅了全部书稿。对于他们的辛勤劳动和全力帮助，我们表示衷心的感谢。

郑　惠　张静如
1997 年 8 月

何叔衡

目 录

C O N T E N T S

第一章
CHAPTER ONE

青少年时期

诞生杓子冲

在长江中游，华中腹地，有一块美丽的大地——湖南，它因地处洞庭湖以南而得名。境内最大河流——湘江流贯全省，因而简称"湘"。据说，过去湘江两岸芙蓉极盛，唐代诗人谭用之在《秋宿湘江遇雨》中写下了"秋风万里芙蓉国"的名句，由此，湖南又有"芙蓉国"的美称。由于湖南具有得天独厚的地理条件，拥有肥沃的平原，宽广的盆地，低缓的丘陵，加上气温偏高，雨水充足，无霜期长，素有粮仓之称。就是这块富饶美丽的大地，有着悠久的革命历史，孕育出中华民族的众多英才。

宁乡县（今宁乡市）是湖南重要县区之一，也是人杰地灵的一块地方。它位于湖南省东部，益阳地区东南部，东接望城，与长沙为邻，南连湘乡、湘潭，西界安化、涟源，北邻益阳、桃江。西南与西北多山，大沩山、雪峰山为主要山脉。中部沩水右岸多丘陵。贯通县境东西的沩水和靳水，流汇湘江而入洞庭。水运交通便利，陆路至长沙不及百里。山川形胜，物产富饶，特别是产于流沙河、草冲一带的宁乡猪享誉古今。

杓子冲位于宁乡县城以西 70 多公里处的沙田乡长冲村。清光绪年间，杓子冲曾是一个偏僻闭塞的小山村，村子里居住有七八户人家。其中有一所砖瓦木质结构的普通农家房舍，坐东朝西，共有平房 23 间。平头槽门，土砖围墙。这所宅院始建于清乾隆五十年（1785 年），它依山傍水，坐落在风景幽美的山间。房子的左边是马里山，右边是大树山，山上苍松挺立，树木茂密，一条清清的泉水自后山峻岭的石隙中涌出，绕宅而流，山光水色，将房屋映衬得格外美丽。

1876 年 5 月 27 日（清光绪二年农历五月初五）这天是端午节，大喜之事降临在这个院落。在院内堂屋右边正房前的卧室里，随着一声啼哭，一个新生命诞生了。他，就是何叔衡，家谱名启璿，字玉衡，号琥璜，学名瞻岵。

何叔衡诞生的那个年代，正是中国广大农村残破不堪、经济凋敝的时期。这主要是连续不断的战争和清朝官兵的烧杀劫掠所造成的，此外，自然灾害频仍也是一个不可忽视的因素。1876年至1879年间，南北各省分别遭受严重的水灾和旱灾。湖南省是受水灾最严重的地区之一。这里的农民经受着天灾人祸的袭击，生活在水深火热之中。

何叔衡居住的杓子冲，百姓也是缺吃少穿，过着饥寒交迫的生活。何叔衡家是一个典型的农民家庭，未分家时，全家三代同堂，叔伯兄弟共40多口人，靠着约十二三亩田地生活。由于家庭人口多，餐食6桌，日子过得也很紧张。后来又在横山湾租种了一些田地，才勉强度日。但是与同村内其他几户农民比起来，他的家境还算稍好一些的。

何叔衡的父亲何绍春，是个勤劳朴实的农民。他为了养家糊口，除在家种地外，每年还利用空闲时节，到洞庭湖沿岸一带做两三个月的短工，赚些钱米补贴生活。何叔衡有两个哥哥，两个姐姐，一个弟弟。他五岁时，母亲去世，父亲一直没有再娶，全家的生活靠父亲一人支撑着。由于家中粮少，遇到青黄不接的年景时，何绍春就让子女们定量吃饭。何叔衡七岁开始干活，学着放牛、割草、砍柴。但每到吃饭时，总是因年小劳少，每餐只限吃一碗饭，于是他常常喊饿。有一次，他放牛回家，几口吃完定量的那碗饭后，便望着姐姐说："吃饭要是像牛吃草那样能放肆吃饱就好了。"父亲听后，忙对他说："你长大了像牛一样地做事，一定会吃得饱的。"何叔衡牢牢地记住了父亲的这句话，直至他为革命献出生命，始终是"像牛一样地做事"。

后来，在父亲的操劳下，何叔衡家基本上过着自己养猪、种菜、种稻的自给自足的生活。1917年暑假期间，毛泽东和萧子升步行漫游长沙、宁乡、安化、益阳、沅江五县时，曾在何叔衡家住了三天。何家的生活，他们印象颇深，在 20 世纪 50 年代，萧子升回忆起这段往事时说：

吃过早饭以后，何老先生领我们去参观他的农场。一个猪栏里面有十只猪，有白的，也有黑的。这些黑猪是何老先生最宝贵的财产了。一只肥大的猪除去背上的黑色斑点，简直是浑身雪白，看起来竟像只小牛。毛询问这猪的重量和养了多久，何老先生笑着答道："这只猪大概有三百二十斤重。猪若长到两岁，我们就觉得它的肉太老，不够鲜美了。这只猪只有十一个月大。"

……

我们平生尚未曾见过这样优良的猪种，因此在猪栏之前徘徊了好一阵子。何老先生笑着说道："你们可有了作诗的好题材了！"后来我还确曾在日记上写过一首题为"肥猪"的短诗。

当我们从猪栏向菜园走去的时候，何老先生说道："这些猪是我们家产中的宝贝。没有这些猪，我们的生活就很难维持了。今年的肉、油、茶、盐等开支都是从它们身上得来的，还有盈余。真的，没有这些猪，我们实在难以为生。"……

开阔的大菜园里长满了鲜美的蔬菜；园中整齐清洁，一根杂草也没有，这尤其使我们惊叹。……

……

我们参观了何家的稻田。那些稻田当时还是满灌着水，但新的秧苗已经透出了水面。……这些稻子可供他们全家一年之需。……

……

……何老先生带着我们去看他的树林。何家所用的柴禾都是出自这片山林。何家的树林中大部分都是松林，但其中也有许多我们并不熟悉的树。一面山坡上长满了竹子，这样不但春天能吃上幼嫩的竹笋，而且将来成材的竹子也可供种种家用。……[1]

① 萧瑜：《我和毛泽东的一段曲折经历》，昆仑出版社 1989 年版，第 86—89 页。

何绍春不仅为这个家劳累一生，而且他还是一位非常正直而又深谙世情的人。他的"一概要公""世间只有私心坏"的朴素思想，深深地影响着他的子女们。1926 年 8 月，他临终前还给孩子们留下这样的遗嘱：

余年八十零，难道还贪生吗？你们娘早死，我教养你们未争得一个什么局面，只望你们兄弟合好合力将债还清。一概要公，世间只有私心坏，事情公则大家都安。叔衡抚九孙为嗣莫撒手。我死了不做道场，不烧纸钱冥屋，不劳动亲朋，只行几堂神，装殓不用一根丝，葬于就近就是。切记切记！！ [1]

何叔衡就是在这样的家庭环境中逐渐长大成人，并且懂得了做人的基本道理。他在父亲的引导下，从小就乐于帮助别人，是一个极富同情心而且感情热烈赤诚的人。与他同时代的乡间亲友提起何叔衡助人为乐的事，总能举出许多感人的事例：有时家里来了逃荒要饭的人，何叔衡宁可自己不吃，也要把碗里的饭倒给那个人；每当何叔衡看到破衣烂衫、衣不遮体的穷苦人时，他就主动脱下自己身上的夹衫送给这个人；何叔衡在少时读书期间曾主动帮助生活困难的同学何幼之交学费，此事得到了父亲的赞扬和支持；有几个穷苦孩子，偷偷地挖何家的芋头，何氏父子不但没有斥责他们，反而担心他们逃跑时摔伤，并主动送给他们芋头吃。何叔衡一生所作所为，始终受着父亲"公道为人"思想的影响，并把它作为自己的座右铭。

---

① 何实山、何实嗣：《忆父亲何叔衡成为马克思主义者的前后——从"穷秀才"到"一大"代表》，《新湘评论》1981 年第 7 期。

启蒙于私塾

何叔衡的诞生，不仅给全家带来了欢乐，而且也给他自己带来了特殊的"福气"。当时，宁乡农村流传着一种迷信说法："男子要五（午）不得五，逢五就有福。"也就是说，生辰逢五是很难得的，是最吉祥、最幸运的事。何叔衡恰是生于五月初五，在堂兄弟中又排行第五，因而亲友们都认为他"八字"好，将来会有"出息"，纷纷前来他家祝贺。他的父亲也信以为真，于是节衣缩食，省出钱来供他一人读书。在这种传统迷信观念的影响下，何叔衡获得了许多受教育的机会。后来，何叔衡曾对女儿实山、实嗣说："我读了书，我的两个姐姐、两个哥哥和一个弟弟几乎一天书也没有读，都是文盲。我是靠你们几个伯伯叔叔的劳动才读成书的。书都由我一个人读了。"[①]

何叔衡从 12 岁到 22 岁，除中间有两年在家种地外，在几家私塾学堂读了 8 年书。这期间，塾师姜方谷对他的思想影响颇深。姜方谷曾在外地做过小官，眼界比较开阔，学识也较渊博，藏书颇多。他一生性格耿直，从不愿随俗浮沉，并对当时清政府的腐败懦弱深表不满。

1894 年 7 月到 1895 年 3 月，历时 8 个月的中日甲午战争，由于清政府的腐败无能，导致清军在战争中惨遭失败。战败后，清政府与日本签订了丧权辱国的《马关条约》，把辽东半岛和台湾全岛及所有附属各岛屿（包括澎湖列岛）割让给日本等等。《马关条约》进一步加速了帝国主义列强侵略中国的步伐，中国面临着被世界列强肢解和瓜分的严重危机。这时的中国，

---

① 何实山、何实嗣：《忆父亲何叔衡成为马克思主义者的前后——从"穷秀才"到"一大"代表》，《新湘评论》1981 年第 7 期。

"看起来已经是个奄奄一息的巨人。帝国主义列强，一群饿狼一样争先恐后地扑上来，撕裂这个巨人的肢体，吞噬这个巨人的血肉，并且因此而在它们相互间引起了激烈的矛盾和斗争"①。此后，俄、英等国争先恐后地掠夺在华利权，强租海港，划分"势力范围"，并向中国大量输出资本，等等。

面对帝国主义的侵略行径，清政府不但不进行反抗，反而对外屈服于帝国主义压力，对内实行残酷的镇压，这就更加激起全国人民对清政府的强烈不满。当时，反映在一部分开明的地主官僚知识分子中，则表现为维新变法运动走向高涨，反映在广大人民群众中，则表现出反帝反封建革命逐步上升的形势。到1898年，反帝反封建的群众运动接近于高潮。

在这期间，具有民族自尊心的姜方谷塾师，在给学生们讲课时，经常用历史上民族英雄的事迹，启发学生的爱国爱民思想，激励学生的爱国热情。有一天午后，姜先生布置学生自己读书，他到隔壁帮人家写对联。何叔衡的堂弟何梓林趁此机会在姜先生的书案上拿了一本《岳飞传》，便聚精会神地读起来，当姜先生回来已站到他的面前时，何梓林竟没有发觉，当时与何梓林一起读书的何叔衡却替何梓林捏了一把冷汗。但是这次姜先生并没有惩罚何梓林，而是给学生们讲起了岳飞的故事。岳母刺字——精忠报国的壮烈，南宋小朝廷苟且偷安，无心收复失地的耻辱，岳飞为了民族利益浴血疆场，而最后却死在奸臣秦桧手中的悲愤，都深深地打动着学生们的心。此后，姜先生还多次讲到岳飞，并满怀激情地吟诵岳飞的《满江红》。他还经常给学生们讲中国近代史上发生的事情，林则徐虎门销烟，鸦片战争中清政府签订的一个个丧权辱国的条约，以及三元里人民抗击英军等等，都是课堂上的讲授内容。这些，都激发了学生们的爱国热情。

何叔衡在姜师门下读书四年，不仅认真学习掌握塾师所教的经书内容，修完了四书、五经，阅读了大量历代名著，而且还在姜先生的启迪引导下，

---

① 胡绳:《从鸦片战争到五四运动》下册，人民出版社1981年版，第433页。

逐渐对当时的社会制度产生不平之感。尤其是他亲眼看见在清政府的统治下，官吏横行，豪绅肆虐，苛捐杂税繁重，人民生活困苦的社会现实，更加激起他对清政府反动统治的愤慨，对贫苦的劳动人民的同情。他的这些思想主要反映在他当时撰写的文章中。

1895年夏，适逢大旱，青黄不接，饥民成群结队行乞。面对这般情景，姜方谷先生给学生们出了一个作文题目——《旱》。夜晚，何叔衡坐在灯下认真思考。他的脑海中浮现出白天的情景：烈日炎炎，禾稻枯焦，塘干池涸，热气蒸腾，还有那三五成群满街乞讨的饥民；同时，他又想起那些横行乡里的官绅和姜先生所说的那些令人痛恨的腐败朝政。于是，他拿起笔来，将自己感世忧民的思想倾泻于纸上，一篇以《旱》为题的文章作好了。他写道：

> 即旱以惟罕譬之，知虐政之为害深矣。夫旱，固亦伤仁爱者也，乃今日之虐民者竟如此，不可即旱以罕譬之乎？且今日之天下，一酷烈之天下也。其万姓之如炎如焚者，岂不甚于旱魃之为虐哉！顾无形之旱，民嗟荼毒，司牧者或不知草野之薰蒸，惟即有形之旱以显形之，则蕴隆致虫虫之慨，山川有涤涤之容，当必知此不为福矣。嗟嗟！何辜今之人而竟罹此酷烈之祸而不可遏也！[①]

何叔衡的这篇文章，以犀利泼辣的笔锋，矛头直指清政府的暴政虐民问题。该文寓意清新，思想进步，有力地抨击了清政府的反动统治。

何叔衡在读私塾期间，还通过阅读宁乡爱国知识分子周汉（字铁贞）的《仇洋人歌》等著作，受到爱国主义的思想教育。周汉，当时是在籍的陕西候补道，他从1891年到1897年，多次书写反对英美帝国主义侵略中国的歌谣揭帖。1891年春，他首先刊刻了一本朱墨套印的反洋教的通俗图

---

① 转引自王兴刚、方大铭：《何叔衡》，《中共党史人物传》第4卷，陕西人民出版社1982年版，第2—3页。

画，题名《天猪教》。此后，各色各样的歌谣揭帖随手写来，又随手粘贴到街头墙壁上去，种类尤多。一些歌谣揭帖至今仍在湖南流传。例如，歌谣中说："英国鬼子真讨嫌，压制我买鸦片烟。美国鬼子惹不得，助运鸦片害中国。"又说："中华素称礼义邦，国泰民安都尊敬，自从鬼子到中华，富强害得成贫困。不独通商传教人，假名游历数不尽。甲想夺我筑路权，乙想矿产齐吞并。鬼子心比虎狼凶，合力驱除须鼓劲，果然万众一条心，包管中华能致胜！"[1] 周汉的歌谣揭帖触动了湖广总督张之洞，1892 年 1 月，他在发给清政府外交总署电文中说，湖南在籍陕西候补道周汉，素好攻讦洋教，编成歌谣图画极多，刻字铺不肯代刻，乃自教其诸子皆习刻字，专刻讦洋教之书，刷印数十万本，托人各省分散。屡饬湖南湖北两省查禁不遗余力[2]。1893 年 5 月，清政府革除周汉的候补道官职，将他押送宁乡官府看管。1897 年山东教案发生后，德军乘机强占胶州湾。周汉立即从宁乡来到长沙，又复刊印大量揭帖歌谣。有《鬼教该死》《棘手文章》《擎天柱》《灭鬼歌》《禀天主邪教》等图画书刊。并散布各县，对当时湖南的反洋教运动具有一定影响。翌年，湖南巡抚将他逮捕，从宁乡原籍押解到长沙监禁。审讯时，他愤怒地打坏了候审所的器物。他的晚年是在狱中度过的。

　　姜方谷塾师的思想启蒙，周汉爱国主义思想的教育，对何叔衡早期思想形成具有很大影响。

　　何叔衡在私塾学堂读书时非常勤奋，经常利用空余时间读书、写字。有时他同父亲一起上山砍柴，在休息时就用木棍在地上练习写字；有时在家煮饭烧火，他就用夹钳在灰里写。一天晚上，何叔衡和父亲睡在一起，父亲一觉醒来，只觉得大腿上像有只跳蚤在爬，猛力用手一按，按住的却

① 杨世骥整理：《周汉与反洋教斗争》（附供词），湖南历史资料编辑委员会编：《湖南历史资料》1958 年第 4 期，第 39—40 页。

② 杨世骥整理：《周汉与反洋教斗争》（附供词），湖南历史资料编辑委员会编：《湖南历史资料》1958 年第 4 期，第 41 页。

是儿子的手。原来，何叔衡并未睡觉，他正在父亲腿上练习白天在学堂里所学的字。何绍春见儿子读书如此用功，特地为儿子买了一个小墨盒。此后，何叔衡随家人走亲访友时便带着小墨盒。一次，何叔衡到外公家去拜年，全家人吃饭时，却不见何叔衡在桌旁。于是，家人四处寻找，最后在楼上找到了何叔衡，看见他正在那里聚精会神地看书、写字。还有一次，何叔衡在桐油灯下练字，姐姐在一旁纺纱。突然有一股烧焦的味道，姐姐先是看看自己身上有没有烧着的地方，发现没有时，再一看，只见何叔衡写字的桌子底下正冒着烟，烧焦味正是从那儿来的。原来，由于天气寒冷，姐弟俩在桌子下面烧了几坨火炭。当时何叔衡练字非常投入，竟没有发觉自己的裤脚边已被烧着了。

何叔衡在私塾学堂读书时还结交了几个要好的朋友。他的堂弟何梓林与他私塾同窗，在别处私塾读书的夏果雅和谢觉哉，通过多次交往，也成为好友。四个人中，何叔衡年龄大一些，大家都称他五哥或老五。他们几个人在一起，经常外出游玩。有时他们步行几十里登上海拔1000多米的沩山，观看拥有百余僧众的大寺院中钟磬交鸣、晨钟暮鼓、法螺佛号的热闹场面，以及那些缁衣羽客和善男信女们虔诚的顶礼膜拜。有时沿着涓水而上直达发源地七里山，又沿着弯弯曲曲的山道蜿蜒而上，直达山顶过龙田，最后进入古老的西南重镇保庆府。他们在一起游玩时，更多的是共同探讨学问。他们经常研讨《纲鉴》、四书五经中的某些段落和语句，了解古代圣人的思想主旨。他们还谈论诗词、小说，有时眉飞色舞地讲《三国演义》、"三言""二拍"上的故事。通过交谈，既巩固了学习内容，又增长了知识。

1898年初秋，何叔衡告别了他的最后一个私塾先生姜方谷，回到了家里。第二年，他按照父亲何绍春的安排，到肖家初堂帮着教蒙馆，从此走上教书生涯。

乡间 "穷秀才"

1902 年 7 月，何叔衡遵从父命，参加县科举考试，得中秀才。这年他 26 岁。由于何叔衡性格豪爽，笃实刚介，思想开朗，且具有民族正义感，因而他虽是清朝秀才，却不愿为朝廷做事。尤其当年清政府再次镇压义和团运动，更加激起他对清政府的不满。

1900 年，轰轰烈烈的义和团反帝运动在帝国主义和清政府的联合镇压下遭到失败。但是，革命的火焰并没有因此而熄灭。由于义和团运动后帝国主义仍变本加厉地侵略中国，而清政府又在"变法"的幌子下加重对人民的压迫，因而全国革命形势迅速恢复和发展。北方义和团运动中的许多活动分子在失败后奔走到南方一些地区，其中有些人到了四川，同当地有斗争传统的民间秘密结社结合起来，重新举起义和团的旗帜。1901 年 4 月，川东一带的义和团以"灭清剿洋兴汉"为口号，到处设棚练拳，号召人民起义。1902 年，从资阳开始，川东各地以至川北、川南的一些地方爆发了抗拒官兵、焚毁教堂的群众斗争。同时，在直隶省南部，广宗武举景廷宾率领广宗农民与巨鹿、南宫、威县等县农民，举起"扫清灭洋"的旗帜继续战斗。但是这些起义先后遭到清政府的残酷镇压而告失败。

就在这一年，湖南的反帝运动也开展起来。9 月 11 日，邵阳秀才贺金声树起"大汉灭洋军"的大旗，发动武装起义。接着，衡阳、湘乡、宁乡、武冈、新宁等县的哥老会也纷纷起来响应，但不久即被湖南巡抚俞廉三镇压下去。对此，何叔衡深感"世局之汹汹，人情之愤愤"。11 月，当县衙门派人送来请他去掌管钱粮的任职书时，何叔衡拒绝到职视事。他宁愿在家乡种地，以教私塾为业，过"穷秀才"的生活。此后，乡亲们都称他为"穷秀才"。

何叔衡在乡村教私塾六年，给人们留下了深刻的印象。当年在他门下读过三年书的刘华陔，对其老师仍记忆犹新。1980年5月4日，刘华陔回忆了何叔衡教私塾的情况。他说：

> 他教私塾收费比别人低。那时中了秀才的教私塾至少得八九十担谷一年，他得四五十担谷一年就满足了。我在别的先生那里读书，要出七八块光洋一年，在他那里读书，我拿出五块光洋，他还说不必交那么多。家里穷一点的学生，他只收一块到两块一年，也有个别的没有收过学费。他《四书》、《五经》也教，但教得最多的是《楚辞》、唐诗、宋词，还讲岳飞、文天祥和鸦片战争、太平天国、八国联军的事，时常讲得流泪。他和学生很合得来，总是鼓励我们努力读书。他喜欢到学生家里串门，也常邀学生到他家里作客。学生和家长都很喜欢他。但他对学习要求很严，书背不得，他就发脾气[①]。

何叔衡的私塾学堂开课后不久，有一个十多岁的男孩天天站在教室窗外听课，手里常常拿着一把割草的刀。何叔衡发现后，便上前询问。原来这男孩姓李，住在离学堂不远的李家冲，因为想读书而家中交不起学费，便利用每天出来割草的空闲时间，站在窗外听课。此事使何叔衡深受感动，他便让孩子进教室听课，而且把他当成自己的学生。一年后，孩子的父亲知道此事后，凑足两块光洋，使孩子正式入了学。

何叔衡在教私塾期间，还经常到小金陀馆同他早已熟识的同乡好友谢觉哉，以及在此结识的姜梦周、王凌波共同探讨问题。小金陀馆是一家很著名的私塾，它位于宁乡县西部沩山和官山南侧堆资山山庄对面的一座低矮的凹字形山下，是一幢南方农村常见的"八"字槽门瓦房。这家私塾是由袁家湾一岳姓豪绅主办。1901年春天，岳姓豪绅受聘外出，一位叫李藕

---

① 转引自王兴刚、方大铭：《何叔衡》，《中共党史人物传》第4卷，陕西人民出版社1982年版，第3页。

苏的前清秀才，从 30 里外的巷子口到此主教。由于李藕苏的才学和正直在乡里远近闻名，因而前往求学者有二三十人。这一年，家住萧家湾，离私塾很近的谢觉哉和居住在五里堆罩鼓冲的姜梦周到此就读。第二年春，居住在八都王家大冲的王凌波也到此学习。从此，何叔衡、姜梦周、谢觉哉、王凌波四人开始了"总角"之交。由于他们是同乡，彼此情趣相投，又志向远大，以致成为最要好的朋友。他们中最年长的是何叔衡，次为姜梦周，再者为谢觉哉，年龄最小的是王凌波。姜梦周、谢觉哉、王凌波在小金陀馆读书三年，小金陀馆已成为他们四人切磋求学之道、谈古论今的好场所。

这时，何叔衡一面教私塾，一面抓紧时间努力自学。他学习的范围很广泛，涉及经、史、子、集，尤其注重研究历史、地理和人生观问题。他学习时，还经常带着问题去学。例如：注意用汉唐盛世时中国的繁荣强盛来对比当时深受帝国主义侵略和压迫的中国社会现实，并提出为什么历史前进了1000 多年，子孙还不如祖宗的问题，力求通过阅读历史书籍来寻找答案。

何叔衡在日记中写了大量的读书笔记，他在光绪三十三年（1907 年）正月二十三日的日记中写道："阅《文章轨范》，胡澹庵先生《上高宗封事》，论王伦、秦桧之奸，真觉慷慨痛快，读之如见须眉之闪闪欲动也。"在光绪三十四年（1908 年）正月十二日的日记中写道："自阅朱子书（朱子年谱），于存养功夫，自觉略有把握，但不免暴寒之不敌耳。"同月十七日又写道："颜子四勿（非礼勿视，非礼勿听，非礼勿言，非礼勿动），曾子三省（吾日三省吾身），史册煌煌，已成绝诣。但降格相求，岂无自处哉？欲忿之来，如火之炽，节之！节之！遑云惩窒，谨志此以自艾。"同年四月二十五日，他写道："阅《高士传》性理两卷，'困辱非忧，取困辱为忧；荣利非乐，忘荣利为乐。'数语当铭座右。"[①] 六月十八日，他看山东半岛地图后，写道："自甲午之后，我国全师慴告，今俄租旅顺，英租威海，德强借胶州湾，渤

---

① 转引自姜国仁、张生力：《四髯合传》，湖南人民出版社 1984 年版，第 5—6 页。

海、黄海之防，蒙眬不知其下手也。"[1] 何叔衡的这些读书笔记，充分反映了他的伦理思想和爱国激情。

何叔衡学习非常刻苦，在时间上抓得很紧，绝不愿在一些琐事上占用更多时间而影响学习。1907年农历十二月二十九日，他在日记中写道："数日践亥迎寅，席未及煖，常为人摄去。一部奏议，阅六日始完，用功迟慢。如此计，所积两柜三簏之书，必十年始完。而十年沧桑之变，又不知何底！其蹉跎终古哉！"[2] 何叔衡旧学底子深厚，原因也在于此。

何叔衡在乡间，经常替穷苦百姓说话，反对社会上不平之事。1906年春，湖南省水灾严重，米价暴涨，宁乡是"春夏谷米昂贵，饥民排户素食"。农民们"吃排家饭"（就是吃地主大户）的一天天增多，但是很快被官府豪绅所镇压，何叔衡对此愤愤不平。就在这年秋天，同盟会会员刘道一和蔡绍南自日本回到湖南。他们经过长沙明德学堂的学生魏宗铨而同醴陵、浏阳和江西萍乡一带的哥老会组织建立了联系，把这一带哥老会头目100多人组织起来，成立了洪江会。洪江会遂于同年组织发动了醴陵、浏阳、萍乡武装起义。随后，浏阳的洪福会首领姜守旦立即率部响应。武装起义爆发后，清政府大为恐慌，急令两江总督端方、湖广总督张之洞及湖南巡抚岑春煊会合各省清军向革命军进攻，终将革命的武装起义残酷地镇压下去。这次起义，何叔衡受到很大启发，他在会党造反的影响下，邀集好友姜梦周、谢觉哉、王凌波、夏果雅及堂弟何梓林等，仿效会党形式，结拜为盟，他为"盟首"，为乡亲们打抱不平。

有一次，在何氏祠堂做长工的余某，因孩子饥饿，拿了祠堂一点稻谷，被族长抓住，要沉塘处死。何叔衡知道后，立即邀集盟兄弟闯进祠堂，救

---

① 转引自王兴刚、方大铭：《何叔衡》，《中共党史人物传》第4卷，陕西人民出版社1982年版，第5页。

② 转引自王兴刚、方大铭：《何叔衡》，《中共党史人物传》第4卷，陕西人民出版社1982年版，第5页。

出余某。何叔衡带头造反的行动，乡亲们十分敬佩。

何叔衡虽是学旧学之人，但他从不承袭旧的封建礼教，封建伦理思想同样束缚不住他。1898年，22岁的何叔衡同袁少娥结为夫妻。袁少娥比何叔衡大3岁，从未读过书，是个文盲，但她通情达理，勤劳俭朴，他们虽是旧式婚姻，但夫妻感情笃厚。婚后，袁少娥生的两个男孩都不幸夭折，只有两个女儿在身边。1908年，袁少娥又生一女孩。这时，亲朋好友们都怕何叔衡绝后，便联合起来，劝他纳"二房"以求子。何叔衡坚决不答应，他说：我有三个女儿也是一样嘛！于是他在大女儿实懿，二女儿实山的名字后边，为三女儿取名实嗣，表示何家有了实际的继承人。何叔衡以实际行动，向"不孝有三，无后为大"的封建伦理观念发起了挑战。

后来，何叔衡参加革命，在他的教育引导下，二女儿实山和三女儿实嗣也参加了革命。何叔衡考虑到万一父女在外发生意外，家中仍有儿女侍候母亲，照料生计，便将大女儿留在家中，后出嫁在杓子冲附近。又将九侄过继为子。他的这种安排，充分表明他对妻子的一片深情。

第二章

走出家门

云山任教

1909 年春，何叔衡受聘到离家 25 公里的云山高等小学堂任教。云山高等小学堂位于宁乡水云山下，距离县城约 45 公里。学堂的环境偏僻而幽静，它依山傍水，有三道高高的山岭环绕着校园，一条蜿蜒的小溪经过校门口，轻盈无声地流入沩水，校园前面还有一垅肥沃的田畴。校舍的建筑十分别致：前面是一堵半月形粉墙，两个拱形校门对称地开在东西两侧。108 间校舍全部按三横六竖的格局建筑，远远看去，好像是一座深山古刹。

云山高等小学堂的前身是云山书院，它始建于 1865 年（同治四年），是陕甘巡抚刘典告老回宁乡后，劝说士绅捐款捐田兴建的。校产田亩 1300 余石，作为书院经费来源之一。云山书院与县城玉潭书院齐名，当时，并称宁乡两大书院。1905 年（光绪三十一年），清政府废除科举考试制度后，云山书院改为云山高等小学堂，堂长是文经西。学堂的课程设置有读经、修身、国文、算术、历史、地理、格致、图画、英文、体操等。何叔衡在学堂任高年级的国文、历史、地理教员。

当时，一般人视云山高等小学堂为"洋学堂"，不愿送子弟到此读"洋书"，这是地方封建顽固守旧势力对"新学"的攻击造成的影响。

从 1895 年康有为等人的"公车上书"到 1898 年"百日维新"之前，维新运动普遍高涨，以康有为为代表的维新派与顽固守旧派展开了激烈的论战，论战较为集中地反映了中国近代在文化思想领域中的中学和西学、新学和旧学之争。其中，改革旧的教育制度，废除科举，兴办学校是争论内容之一。维新派认为："变法之本在育人才，人才之兴在开学校，学校之立在变科举。"[1]

---

① 中国史学会主编：《戊戌变法》第 3 册，神州国光社 1953 年版，第 21 页。

顽固派则认为："中学所以为教，人皆知之，无待别求门径也"，攻击维新派兴办学校是散布"邪说"，"名为培才，实则丧才"，"且贻人心风俗无穷之忧"[①]，坚持尊孔读经、八股取士的封建教育制度不能改变。对此，维新派予以驳斥说：科举制度是封建统治者"牢笼天下"的愚民政策，"为中国锢蔽文明之一大根源"[②]。他们认为要使中国富强，就必须改革旧教育，兴办新式学校，学习西方资产阶级的自然科学和社会政治学说等等。

在维新运动中，湖南封建顽固势力的活动更为猖獗。他们采取种种手段，破坏维新运动。岳麓书院院长王先谦纠集一批顽固士绅向倾向和支持变法的湖南巡抚陈宝箴递交《湘绅公呈》，攻击梁启超、唐才常、谭嗣同等人使时务学堂的学生"不复知忠孝节义为何事"，并要挟陈宝箴"整顿"时务学堂，屏退梁、唐。当时，时务学堂的总教习是梁启超，分教习为唐才常等人。他们在时务学堂宣传维新思想，培养维新人才。当王先谦的无理要求未被采纳后，他又伙同大劣绅叶德辉、孔宪教等人，煽动他们控制下的三个书院的部分守旧学生，制定所谓《湘省学约》，制订"正心术""尊圣教""辟异端"等条规，以加强对三个书院学生的控制，防止他们受时务学堂的影响。他们还著书撰文，大肆攻击"平等""民权"学说；逼走长沙南学会主讲人之一皮锡瑞，并给南学会邵阳分会负责人樊锥加上了"首倡邪说，背叛圣教，败灭伦常，惑世诬民"等罪名，将其驱逐出境。此外，他们还纠集一些人到南学会哄闹，殴打《湘报》主编，运动同乡京官向清政府上奏攻击湖南维新派。这时，湖广总督张之洞也不断压制维新派，破坏湖南维新运动，从而使湖南的新旧冲突更加激烈。

百日维新失败后，1905年，慈禧太后为了应付国内的危机，使上层社会的一些阶级、阶层感到这个政权还是有希望的，她不得不重新弹起光绪

---

① 《宾凤阳等上王益吾院长书》，中国史学会主编：《戊戌变法》第2册，神州国光社1953年版，第639页。

② 《中国除害议》，中国史学会主编：《戊戌变法》第3册，神州国光社1953年版，第131页。

皇帝弹过的调子，实行所谓"新政"。其中，废除科举考试制度，设立学堂是较为突出的一件事。但是，由于过去地方守旧势力的影响，一些人对接受"新学"仍有疑虑。云山高等小学堂入校学生不踊跃，原因也在于此。

后来，云山高等小学堂在堂长文经西的大力宣传倡导下，就读学生逐渐增多。为了便利附近农民子弟入学，文经西还在云山小学堂附设半日制学校。为了让更多的学生了解学堂，到此读书，何叔衡向学堂提出三条建议：一是组织人员下乡宣传，讲解学堂比私塾、"新学"比"旧学"的优势之处，击破顽固势力的反动宣传；二是利用学堂租谷多的优越条件，降低对学生的收费标准，使贫苦农民的子弟能够入学；三是延聘思想开明，有真才实学的教师来校任教，扩大学堂的进步力量。他还向学堂陆续推荐了李藕苏、张岳群、谢觉哉、姜梦周等人。何叔衡的建议，被当时主持学堂教务的喻徽五——接受。

云山高等小学堂是当时一所比较进步的学堂。堂长文经西是同盟会员，他在学堂中积极宣传"驱除鞑虏，恢复中华，创立民国，平均地权"的革命纲领。另外，学堂中还有很多宣传变法图强的著作和传播资产阶级民主革命思想的书刊。何叔衡在此任教，接触旧民主主义革命思想的机会颇多。再有他的堂弟何梓林在他教私塾期间，就考入军校读书，后来进入军队，这时随军到了福建，并加入了同盟会。他经常给何叔衡寄来一些具有革命思想内容的书报，告诉他同盟会组织武装起义的消息。这些都使何叔衡的眼界进一步开阔，开始从痛恨祸国殃民的清政府转向接受孙中山的革命民主主义。于是，何叔衡在平时讲课时，也将这些新思想潜移默化地传播给他的学生。姜国仁后来回忆起她的弟弟讲述何叔衡教学情况时说：

据当时弟弟述及，叔衡同志对教学非常严肃认真，要求学生德智体全面发展，课堂纪律严明，教学方法灵活多样，有问有答。他提问学生，如有答不出的，必予以适当批评，并再加阐述。学生对他无不敬畏，都很专心听他的课，不敢怠惰。他工作很忙，既要管理学生，又要备课讲课，还有不少社会活动，因此经常忘记理发和修剪胡子，一些学生就常窃笑何先生不修边幅。当时的谢觉哉同志负责训育，但学生提出极不严肃的问题要先生解释，以此作弄先生。叔衡同志立即把这个学生叫去个别谈话，启导他认识错误。叔衡同志在他任教的历史课上，总是联系实际揭露帝国主义列强和封建统治阶级欺压中国人民的种种罪行，培养学生对帝国主义和封建主义的反抗精神。学校购置的新书报，他总要先睹为快，同时将内容迅速在学生中传播，指导学生阅读。学生耳濡目染，受了这些薰陶，思想认识逐渐提高，毕业后参加革命的不在少数①。

  1911 年 10 月 10 日，武昌起义爆发。武昌的革命士兵们一夜间取得了起义的胜利，为清朝政府敲响了丧钟。12 天后，湖南、陕西两省省会起义，宣告独立。何叔衡听到此消息后，高兴万分，带头剪掉自己头上的辫子，并且动员学生剪辫子，以表示与清政府决裂。11 月 4 日，他还专程回到家里，动员父亲、兄弟和邻居剪掉辫子，并向大家宣传孙中山的革命主张，宣传同盟会的纲领，宣传封建帝制的不合理并且必然走向灭亡，宣传世界上新的民主制度等。1912 年 1 月 1 日，中华民国成立，孙中山就任临时大总统。此后，何叔衡更是积极主张开展教学改革，树立新的学风，提倡学习西方的自然科学和社会科学，学习做应用文，反对尊孔读经，反对学生坐轿子上学，号召学生种树、修操坪等。就在这年春天，好友姜梦周和王凌波相继到学堂任教。于是，何叔衡与他们及学堂的一些进步教师一起，办学生会，开展各种活动，一时间，学堂出现了生气勃勃的局面。

  也就在这一年，清朝时期的云山高等小学堂改为民国时期的宁乡县立第二高等小学校，黄英灏任该校校长。黄英灏是所谓的世家子弟，思想十分守旧，极力主张复古，继续尊孔读经。何叔衡的革新主张，遭到黄英灏

① 姜国仁：《我所知道的何叔衡同志》，《峥嵘岁月》第 4 集，湖南人民出版社 1982 年版，第 189 页。

的反对。黄英灏认为，剪辫子就是"无父无母"，不尊孔读经就是"无礼悖义"，因而攻击何叔衡是"三无党"（即无君、无父、无礼义）的首领。1942年5月，谢觉哉回忆何叔衡这段往事时说：

> 在旧社会中，叔衡同志向来就讲究道德，是个"宗族称孝，乡党称弟"，而且是一丝不苟，律身很严的人。记得在我县士绅蔑称何叔衡为提倡非孝的三无党首领的时候，有一绅士亲见叔衡对其老太爷的侍奉，慨然说：流言不可靠，我不相信反对何先生的那一位能像何先生这样[①]。

何叔衡对黄英灏的攻击毫不妥协，进行了坚决的斗争，但他看到学校又要走尊孔读经的老路，心中极为不满。而这时，辛亥革命的果实也已被袁世凯为代表的大地主大买办阶级所篡夺，革命已告失败。于是，他愤然辞去云山教职，奔赴省会长沙，去寻求新的生活。

继续求学

何叔衡来到长沙后，走上了继续求学的道路。1913年春，他考入湖南省立第四师范学校，这年他37岁。当时，该校校长陈夙荒问他：为什么这么大的年纪还来当学生？何叔衡认真地回答说：深居穷乡僻壤，风气不开，外事不知，耽误了青春，旧学根底浅，新学才启蒙，急盼求新学，想为国为民出力。话语不多，却道出了他离开宁乡的真正原因。校长听后，欣然赞许。一年后，第四师范并入湖南省立第一师范学校，何叔衡遂转入一师二部第一班（即教师讲习班）学习。

第一师范学校位于长沙城南门外妙高峰下的书院坪。在书院坪里有一座新建的西式楼房，规模颇大，以铁栏杆为墙。一师的前身是南宋理学家

---

① 谢觉哉：《忆叔衡同志》，《解放日报》1942年5月8日。

张拭讲学的城南书院，清朝末年，改为中路师范学堂。辛亥革命后的第二年，改为第一师范学校。该校是一所免费的公立学校，其任务是培养小学教师。那时的公立学校，大都被守旧派所控制。由于一师当时的校长孔昭绶在日本留过学，又任人唯贤，聘请了一些思想开明的教师，因而，即使旧的影响一时难以清除，但是比起其他学校，还是稍好一些。辛亥革命后，蔡元培担任南京临时政府教育总长，曾经颁布过一些较有革新意义的教育规程。因此，在一师的《校章》中关于教育方针一项，就明确提出："除照部定教育宗旨外，特采最新民本主义（即民主主义）规定教育方针。所谓民本主义教育，包括三个方面：一、道德实践。二、身体活动。三、社会生活（包括智识及课程教育）以及职业训练（包括智能实习和各种学生会活动）。""时时以国耻唤醒学生之自觉心。""各科教授应提倡自动主义。"① 但是，学校对学生的管理，同样制定出许多封建烦琐的规矩，仅学生应遵守的"秩序"一项，就规定了 35 条"不得"。尽管这样，一师的学习空气仍然较浓厚，学生朴实、勤奋、好学。

何叔衡是与比他小 17 岁的毛泽东同时考入第四师范学校，又同时转入第一师范的，毛泽东被编入一师一部本科第八班学习。他们自开始相识就很合得来，因为志趣相同，经常在一起探求救国救民的真理和改造社会的道路，很快他们就建立了深厚的友谊，彼此了解颇深。何叔衡对毛泽东极为钦佩，曾向他的好友谢觉哉介绍"毛润之是个怎样了不起的人物"。并说："润之说我'不能谋而能断'，这话道着了。"② 可见他们相交甚深。

在一师，何叔衡还广泛结识同学和老师。在同学中，如蔡和森、陈章甫、罗学瓒、张昆弟、萧子暲、周惇元等，都是学生中出类拔萃的人物，敦品励学，成绩优良。在教师中，如徐特立、杨昌济、方维夏、王济范等，都是学生所推崇的德高望重或学识渊博的教师。本来就具有革命思想的何

---

① 转引自李锐：《三十岁以前的毛泽东》，广东人民出版社 1994 年版，第 69 页。
② 谢觉哉：《忆叔衡同志》，《解放日报》1942 年 5 月 8 日。

叔衡与他们交往后，革命热情更为高涨。

在学习期间，何叔衡为了教学的需要，经常和同学们在大礼堂一起学跳简单的集体舞。与何叔衡一起在校读书的萧三后来回忆说："有两次，我看见他在礼堂里和他的同班同学们一起学做体操和练习跳舞（一种照音乐走舞步，动作简单的集体舞）。大概是因为他们年龄大的关系，动作很不协调，引得看的人不时发笑，他们自己也笑。后来我才知道，他们这样做，是为了将来教学生传播新文明。"[①]

这时的何叔衡虽然在外面读书，但他仍没有忘记向他的家人传播新思想。他曾三次给家里写信，要全家女人放脚。但由于封建习惯势力根深蒂固，妇女的小脚还是原封未动。1913年暑假期间，他回到家里，看到全家女人仍未放脚，便风趣地说：看来只动嘴动笔不行，还得要动手动刀才能解决问题。于是，他要三女儿实嗣把家里的裹脚布和尖头鞋全部搜集拢来，拿了菜刀，搬出木凳，在地坪里当场砍烂。从此，他家裹脚的妇女都解放了双脚。对此，何叔衡还作了一首《放脚歌》：

妈妈包脚骆驼样，
眼泪流得脚布长。
痛伤心，心痛伤，
日夜痛得喊爹娘。
行一步，摇三摇，
摇一摇，晃一晃。
走起路来像残疾，
摇摇摆摆出洋相。
快学何家闺女样，
大手大脚好姑娘。

[①] 萧三：《不能忘却的怀念——忆何叔衡同志》，《工人日报》1981年2月25日。

何叔衡所作的这首《放脚歌》，对当时宣传妇女放脚起了很大作用，后来在当地乡间广为流传。

何叔衡对女儿的学习十分关心，特别是他禁止向女儿灌输封建伦理思想，以免长大后受其影响而不能像他一样外出做事。因此，每当何叔衡回家看到自己的父亲要孙女跟着别人学念《三字经》《四字女经》《女儿经》之类的书时，他总是立即要她们不读这类害人的书，并把这些书偷偷拿去烧掉。而后教女儿读《木兰辞》，读"锄禾日当午，汗滴禾下土，谁知盘中餐，粒粒皆辛苦""朱门酒肉臭，路有冻死骨"一类诗文。有时他还教村中女孩子唱《放脚歌》。何叔衡所做的这些事情，受到村中一些人的称道，但大多数人感到不可理解，被说成是"奇人怪事"。

何叔衡在一师仅读了一个学期，就于 1914 年夏毕业了。这是由于四师是春季始业，一师是秋季始业。毕业后，他的父亲和他的妻子都非常希望他能回乡教书，便派他的侄子到长沙来接他回去。但是，何叔衡还是让他的家人失望了。后来，何叔衡在写给儿子新九的信中说："我绝对不是我一家一乡的人，我的人生观，绝不是想安居乡里以善终的，绝对不能为一身一家谋升官发财以愚懦子孙的。"[①] 寥寥数语，表明了何叔衡不能株守家园的真正原因。

在楚怡学校

楚怡学校，1906 年由陈润霖创办于长沙。初为小学，1914 年开办楚怡工业学校，1923 年开办楚怡中学，小学部增办幼稚园，三校一园总称楚怡学校。

---

① 《湖南历史资料》1980 年第 2 辑，湖南人民出版社 1980 年版，第 142 页。

何叔衡自第一师范学校毕业后，1914年7月应聘到长沙楚怡学校任主任教员，教小学高年级的国文和历史课。由于何叔衡教学认真负责，关心学生如同父母，因此，他到楚怡学校任教不久，就被人们比作小学园地的"老母鸡"。

在学校里，何叔衡在老师和同学中威信很高，大家都非常尊重他。他有一嘴黑胡子，一对锐利的眼睛，一颗赤诚的、力求进步的心。如果哪个同学犯了错误，他不是进行简单的训斥，而是以理服人、以情动人，使这个学生真正认识到错在哪里。有一次，萧三去学校看望何叔衡，正好碰到何叔衡与一个学生谈话，说着说着，自己竟哭了。后来，萧三说："我当时觉得非常奇怪，事后才知道他容易激动，和学生谈话不止一次地哭过。"[①]毛泽东也说过，"何胡子是感情一堆"[②]。当时的学生家长们对何叔衡的一些做法也是赞不绝口，他们说，何先生疼爱学生胜过父母。他生活艰苦，自己洗衣做饭，上街从不坐人力车；课余常和学生一起做清洁工作；同事有困难，最肯出力帮忙。

何叔衡在楚怡学校身体力行的这些做法，正是他过去在云山高等小学堂任教时所积极主张的，也是他当时参与宁乡县立第二高等小学校教育改革中所努力提倡的。从1912年到1913年，何叔衡少年时期的好友姜梦周、王凌波、谢觉哉都相继到宁乡县立第二高等小学校任教。后来，姜梦周和王凌波还先后担任校长多年。何叔衡这时虽然在楚怡学校任教，但他经常利用假日到云山同三位好友会晤，共同商讨对第二高等小学校的教育改革问题。他们认为，学校改革要从提倡教育与劳动相结合、教育与政治相结合、反对封建教育入手。具体做法是：1.坚决反对尊孔读经，以应用文代替文言文，推行白话文，增设社会学和自然科学课程。2.注重对学生的思想教育。针对当时国家的现状，广泛向学生宣讲"天下兴亡，匹夫有责"的道理，激发学生的爱国热情；开辟时事专栏，定期刊登国内国际的重大

① 萧三：《不能忘却的怀念——忆何叔衡同志》，《工人日报》1981年2月25日。
② 谢觉哉：《忆叔衡同志》，《解放日报》1942年5月8日。

消息；利用学校租谷多的优越条件降低穷苦子弟的学费标准；禁止学生蓄辫子；禁止富家子弟乘轿车往返学校；组织学生栽树绿化校园，自辟体育场所等等。第二高等小学校在他们的倡导和组织下，面貌为之一新。

何叔衡不仅大力倡导反封建，而且教育自己的孩子同封建思想作斗争。1921年秋，何叔衡的女儿实嗣到宁乡第一女校去上学。当时，宁乡第一女校是一个封建堡垒。校长杨砚樵认为"现在学校很不好办，就是新学说盛行的缘故"，一味坚持复古倒退。当他见到实嗣没有辫子时，立刻皱起眉头瞪着眼，坚决不收。有些看热闹的女同学还指着何实嗣开玩笑说："牛屎巴，像南瓜，冒人要，都轰她！"何实嗣不信邪，虽然讲不出多少道理，但就是不走出校门。送她上学的叔父没有办法，就到长沙找何叔衡，带来了何叔衡给校长的一封语气强硬的信，信中说："我的女儿是从小就没有留辫子的，你可一定要收下！"为这事，何叔衡还专程找到在第一女校任小学国文教员的姜国仁。由于姜国仁的弟弟曾是何叔衡的学生，姜国仁通过弟弟的述说，对何叔衡有所了解，而且多年来崇敬他。后来，姜国仁回忆了何叔衡来访时同她谈话的情形，说：

> 他告诉我，他没有男孩，只有两个女儿，所以把小女儿取名实嗣，意思是他确确实实的后嗣。一年前，他要小女儿上一女校读书，因为实嗣没有蓄头发，像男孩子，校长杨显桥（砚樵）不肯取录，就在宁乡街上寄住了一年。叔衡同志来找我，是要我在校长面前为他讲话，让他小女儿进校读书。

> 这是我和叔衡同志的第一次见面。虽然过去了六十多年时间，但当时的情景还清晰地印在我的记忆里。叔衡同志走后，我就与杨校长交涉，执意要收实嗣入学，他也只好同意[1]。

于是，第一女校破天荒地收了一位没留辫子的女学生。后来段蕴辉当

---

[1] 姜国仁：《我所知道的何叔衡同志》，《峥嵘岁月》第4集，湖南人民出版社1982年版，第193页。

校长，在何实嗣那个班上大讲"三从四德"。何实嗣当即质问校长：为什么要讲这些封建的东西？一句话问得校长怒火中烧，即对何实嗣大发雷霆。在争吵中，何实嗣气愤地打了校长一下，学校马上挂牌开除何实嗣等五人，学生因而罢课两个月。何叔衡了解女儿打校长的具体情况后，对友人说："我的女儿敢打顽固校长，这还不错。"①

过了一段时间，何叔衡又到姜国仁那里。这次，他把女儿实山和表侄女袁秀山也带来上学。袁秀山由于家庭贫穷，很小就送给人家作了童养媳，遭受许多痛苦。何叔衡知道后，非常同情，为秀山作主，到处告状打官司，闹了几年，才为她解除婚约。何叔衡为使秀山真正获得解放，尽管自己当时在经济上并不宽裕，但也决心送她来上学。这件事，使姜国仁深受感动，她对何叔衡的高尚品质更加敬佩。

这一次，何叔衡还向姜国仁讲了许多妇女必须解放的道理。姜国仁回忆说：

他说：（指何叔衡——引者注）"在中国几千年的封建社会里，女人受的压迫最深，统治阶级提倡'三从四德'，说什么'妇人者，附于人也'，'女子无才便是德'。女子要受族权父权夫权的层层压迫，既没有谋生就业就学的权利，也没有恋爱结婚的权利，竟至连野兽也不如，只能做家畜。因此，我们有些觉悟的人，必须开导妇女起来斗争，自己谋求解放。拿婚姻来说，由父母一手包办，由媒妁欺骗愚弄，嫁鸡随鸡，嫁狗随狗，哪有什么爱情！"叔衡同志的这些话，引起了我的沉思，也引起了我的共鸣，因为我就受过包办婚姻的痛苦。经过叔衡同志的这番启发，使我认识到：今后更应和广大受苦的妇女一起，为争取解放而斗争，做到"己欲达而达人"。后来，实山和秀山都进了宁乡第一女校，她们在学习上都很刻苦，思想要求进步，大革命时期，都走上了革命的道路。叔衡同志还把秀山送到广州农运讲习所第一期学习，把她培养成了一名光荣的共产党员②。

---

① 姜国仁、张生力：《四髯合传》，湖南人民出版社1984年版，第16页。
② 姜国仁：《我所知道的何叔衡同志》，《峥嵘岁月》第4集，湖南人民出版社1982年版，第193—194页。

何叔衡

这期间，何叔衡、姜梦周、谢觉哉、王凌波四人经常在一起，又都蓄有八字胡须，因而有"宁乡四胡子"之称。后来，1926 年 10 月，他们四人在长沙合拍一照，谢觉哉在照片上欣然题字："宁乡四髯"。此后，不仅他们常以"四髯"自称，而且成为宁乡革命人士对他们的爱称。这四位志同道合的朋友相聚在一起时，常以"道义、前进相勉励"①，促使他们纷纷走上革命道路。

何叔衡在楚怡学校一面教书，一面从事革命活动，并且经常以此为活动地点。当时，楚怡学校的校长就是原第四师范学校的校长陈凤荒，由于他对何叔衡非常了解也很器重，因而何叔衡在楚怡学校开展革命活动较为方便。1918 年，何叔衡曾暗中支持农民张三元起义。张三元是宁乡县大沩山昆庐峰下的佛教南宗古寺密印寺的佃户。密印寺兴建于唐元和年代。该寺在益阳、安化、宁乡 3 县交界处置有"饭僧田"1000 多亩，拥有佃户数百家，是赫赫有名而又比较富裕的大寺院。清末，一批失意的官僚军阀在社会上站不住脚，便选中了这个世外的富裕之处隐身乐业，当了"蓄发僧"。此后，这些挂着"和尚"招牌的军阀恶棍，开始残酷地欺压佃户，强奸民女民妻，私设刑堂迫害佃农。张三元一家就是深受其害的佃户。这年张三元从护国军回到家乡，看到自己的父亲因交不起租几次被抓进寺里关押拷打，妻子又被寺内和尚霸占，不由得满腔怒火，他决心与寺院斗争。于是，他暗中联络三县的贫苦佃农，准备起义。

何叔衡与谢觉哉、姜谷风、夏果雅、姜梦周等人对寺庙的"和尚"早已恨之入骨，他们积极支持张三元带头造反、起义。这支起义组织叫"三农团"，共推张三元为首领，夏果雅、姜谷风为正副军师。何叔衡与谢觉哉、姜梦周为起义军大造舆论，准备武器和起义经费。

10 月 5 日（农历九月初一）这天，正是密印寺规定交债还租的最后

---

① 《谢觉哉日记》下册，人民出版社 1984 年版，第 1124 页。

限期。"和尚"召集佃户到寺，逼迫他们交租还债。张三元在夏果雅、姜谷风的指挥下，按照事先约定，以掷杯推倒桌子为信号，杀死为首的"和尚"，举旗起义。刹那间，几百名贫苦佃农冲进千年古寺，一把火烧了密印寺。顿时，山上山下火光冲天，喊杀之声，惊闻数十里，几天之内参加起义的农民增至五六千人。姜谷风、夏果雅公开加入起义队伍，协助张三元指挥。何叔衡与谢觉哉、姜梦周等则在暗中秘密出谋划策，支持起义军。

张三元起义使宁、安、益三县知事衙门惊慌失措，急电湖南督军张敬尧派兵镇压。张敬尧派遣警察厅长佟国安和张敬汤等率兵前来"清剿"。何叔衡、姜梦周、谢觉哉等以秀才乡绅身份，一方面以"和尚"作恶多端，逼迫佃农造反为由劝省县以招抚为主，不可硬性"清剿"，激起更大民愤，一方面暗中为张三元筹划坚持下去的办法。起义军与"清剿"军苦战一个多月后，终因寡不敌众而失败。张三元、姜谷风、夏果雅[1]英勇牺牲。何叔衡此时虽身居长沙，但仍未置身事外。他派姜风威等为姜谷风收敛，又暗中把夏果雅的儿子夏尺冰接到家中抚养，并送他上学读书。此后何叔衡还经常接济一些起义者的家属。

何叔衡在楚怡学校任教期间，还有一事至今仍在何叔衡的家乡流传。1920年的一天，何叔衡的同宗乡绅何寿璜来学校会见他。何叔衡由于忙着去上课，没有时间做菜，他只好将一盘火腿淋上酱油，以冷食待客。何寿璜便借机挖苦说："叔衡胡髭，你们是喜欢'主义'的，为何今天的火腿却吃冷的？"（"主义"指共产主义，与宁乡当地"煮熟"是谐音）何叔衡听后哈哈大笑，反唇相讥道："'主义'对你不是好吃的，还是冷饮适合你些！"何寿璜受到奚落，非常尴尬，第二天便返回乡下去了。后来何叔衡对人谈起这件事时说："何寿璜来是自讨没趣，对这种人必须针锋相对！"

何叔衡在楚怡学校任教六年，这期间正是他走向革命的开始。

---

① 关于夏果雅，另一种说法是，他当时逃离虎口，但下落不明。此说参见周德民：《何叔衡与张三元起义》，湖南《党史月刊》1991年第4期。

第三章

探索革命路

参与创建新民学会

1912年中华民国成立后，临时大总统的职务很快就被代表大地主大买办阶级利益的袁世凯所篡夺。1913年，袁世凯又利用手中权力，使自己"合法"地成为正式大总统。1915年12月，他又宣布实行帝制，并准备在1916年元旦举行"中华帝国皇帝"的"登基大典"。袁世凯的丑恶行径引起全国性的反袁风暴，1916年3月，在护国运动的打击下，他被迫宣布撤销帝制。不久，便在一片唾骂声中气绝毙命。

袁世凯的政权，外依帝国主义的支持，内靠封建主义旧势力以及同封建势力勾结在一起的买办阶级势力。在袁世凯的独裁统治下，中国封建军阀割据局面开始形成，尤其是袁世凯死后，经过"参战问题""张勋复辟""护法战争"一系列事件，军阀内部的分裂愈益加深。云南、贵州、广西、四川等地的南方各省非北洋系的军事头目，各自拥兵自固，扩张地盘，成为地方军阀。北洋军阀也分裂成几个派系，分别投靠不同的帝国主义；而各帝国主义国家则乘机利用这些封建军阀势力来加紧剥削中国人民。军阀纷争使中国在政治上和经济上陷于更加贫弱和混乱之中。

连年的军阀混战，使全国的社会经济遭受严重破坏，人民生活困苦不堪，生产停滞，广大农民陷入破产的境地。当时的湖南，已是南北各派军阀长期拉锯的战场。天灾、兵灾、匪灾交替而来，连年不断。1915年，湘、资、沅、澧四水同时泛滥，全省有34县受灾，灾民数百万。1916年到1918年，洞庭湖周围各县和长沙等地，大水小灾，倒垸溃堤，从未间断。水灾的无情，使人民生命财产遭受严重损失。而兵灾、匪灾对百姓的迫害则更为惨重。袁世凯称帝时，派兵进入川、湘，这些军队，"沿途骚扰，奸淫掳掠，惨无人道"。湖南大地出现了"农夫辍耕于野，商贾停业于市，无形之损失，不可以数记"[1]的悲惨情景。1917年段祺瑞派兵进入湖南，督军傅良佐命令军队"得侵入家宅"，或令居民"退出其家宅"，公开进行烧杀抢掠。1918年皖系军阀张敬尧在湖南平江县宣布"三日不封刀"，纵令其反动军队血洗该城。仅湖南醴陵一县，在军阀混战中被害的就有4万余户，死伤2万余人。

袁世凯掌权后，还在全国积极推行尊孔复古。1913年6月，他通令全国恢复学校祀孔。通令中说："诐邪充塞，法守荡然"，"欲遏横流，在循正规"[2]。1914年，他又作出恢复过去帝制时代的祀孔和祭天的决定。他在《大总统祭圣告令》中说："孔子之道，亘古常新，与天无极。……国纪民彝，赖以不坠。"并诬蔑辛亥革命以来是"纲常沦弃，人欲横流，几成为土匪禽兽之国"[3]。袁世凯不仅命令尊孔复古，而且还在这年亲率百官到孔庙祭孔，到天坛祭天。在袁世凯的竭力推崇下，"孔道会""孔教会""尊孔会"一类的组织，在复辟派、守旧派的操纵下应运而生。这些反动组织，为清室复辟大造反动舆论，鼓吹封建主义的纲常名教，提倡以"孔教"为"国教"，企图混乱人们的思想，使人们相信只有重建封建礼教的权威，中国才能得救。这股尊孔复古的逆流，是与袁世凯称帝、张勋复辟相适应的。

辛亥革命推翻了封建的清王朝，但是中华民国的建立，却丝毫没有改变中国社会的半殖民地半封建性质和黑暗的现实，占社会统治地位的仍然是封建的经济和政治，国家依然遭受帝国主义的侵略，人民在军阀的残暴统治下，过着暗无天日的生活。那么，究竟应该依靠什么力量，用何种方法才能真正挽救国家的危亡呢？这正是何叔衡、毛泽东等一批具有爱国思想的知识分子和青年学生所苦苦探索的问题。

何叔衡在楚怡学校任教后，同毛泽东仍然保持着密切的联系。毛泽东

---

① 《护国运动期间湖南的反袁斗争》，《湖南历史资料》1960年第1期。
② 《通令尊崇孔圣文》，《袁大总统文牍类编》，第66页。
③ 程清编：《历代尊孔纪、孔教外论合刊》，第37—38页。

经常到楚怡学校同何叔衡进行长时间的交谈，两人互相交换着改造中国的看法。1918 年以前，毛泽东一直在第一师范学校读书。在校几年中，毛泽东"感到自己心胸开阔，需要结交几个亲密朋友"。渐渐地，在毛泽东的周围聚集了十几个有志有为的同学和朋友。同毛泽东经常在一起的，不仅有何叔衡、蔡和森、萧子升，还有陈章甫、张昆弟、罗学瓒、萧子暲等。后来，毛泽东说：

这批学生形成后来的一个学会的核心，这个学会往后对中国的事情和命运产生了广泛的影响。他们人数不多，但都是思想上很认真的人，不屑于议论琐事。他们所做和所说的每一件事，都有一个目的。他们没有时间谈情说爱，认为时局是如此危急，求知的需要是如此迫切，没有时间去谈论女人或私人问题。……在这种年龄的男青年的生活中，议论女性的姿色通常占有重要的位置，可是我的同伴不但不这样做，而且连日常生活中的普通事情也拒绝谈论。……我的朋友们和我只乐于谈论大事——人的性质，人类社会的性质，中国的性质，世界，宇宙！①

这些人在一起讨论的主要问题是"如何使个人及全人类的生活向上"，尤其是如何使"自己生活向上"。参加讨论的有何叔衡等 15 人左右，从1915 年到 1917 年冬，讨论次数达 100 次之多。经过讨论，他们得到一种结论，就是"集合同志，创造新环境，为共同的活动"②。于是，为了创造新环境，这些风华正茂的青年，开始注意社会考察和同工农群众相联系。1917 年暑假，毛泽东与萧子升"游学"长沙五县，考察农村社会时，他们来到何叔衡家。何叔衡陪他们访问农民，开调查会，讨论如何才能改善农民生活，不受有钱有势之人的压迫。这也是毛泽东给何叔衡第一次影响较

---

① 《毛泽东一九三六年同斯诺的谈话》，人民出版社 1979 年版，第 28—29 页。
② 《新民学会会务报告》（第一号），中国革命博物馆、湖南省博物馆编：《新民学会资料》，人民出版社 1980 年版，第 2 页。

深的活动。同年冬，毛泽东等还以第一师范学友会名义，组织、主办了工人夜校，接触工人群众。次年，蔡和森等也进行了农村考察。

在这期间，1915 年 9 月，陈独秀创办的《青年杂志》问世，1916 年 9 月出版第二卷第一期时改刊名为《新青年》。《新青年》杂志的主要内容是宣传民主与科学，公开向传统的封建思想文化挑战，并以此为标志，掀起了一场反封建主义的新文化运动。陈独秀在《青年杂志》创刊号上发表的《敬告青年》一文，历数了当时中国社会的黑暗，向青年提出六点希望和要求：1. 自主的而非奴隶的；2. 进步的而非保守的；3. 进取的而非隐退的；4. 世界的而非锁国的；5. 实利的而非虚无的；6. 科学的而非想象的。这六条标准，号召青年们从消极、保守、退缩、闭塞等思想束缚中解放出来，向陈腐的封建意识展开斗争。李大钊在《新青年》上发表了《青春》《今》等文章，满怀希望地向青年指出："吾族今后之能否立足于世界，不在回首中国之苟延残喘，而在青春中国之投胎复活。"并号召青年们："冲决过去历史之网罗，破坏陈腐学说之囹圄"，为"青春中国之再生"[1] 而勇敢战斗。《新青年》上所发表的文章，给正在黑暗中积极寻找新出路的何叔衡、毛泽东等人以鼓舞、勇气和力量。

这时俄国十月社会主义革命爆发了。1917 年 11 月 17 日，湖南《大公报》以《俄国二次政变记》为题，客观地报道了十月革命的消息，赞扬这是"震天撼地"的大事变。12 月 6 日、7 日，该报又登载《俄国政变中心之兵工委员会》，介绍俄国十月革命后的政权性质。在十月革命和《新青年》杂志的影响下，何叔衡与毛泽东、蔡和森、萧子升等人深刻认识到，只有把全国有志、有为、有远见、不屈不挠、不自私的爱国人士组织起来，群策群力，共同奋斗，实行彻底的革命，才是救民建国的正确途径和有效方法。于是，毛泽东认为"有必要建立一个更严密的组织"[2]，这一提议得

① 李大钊：《青春》，《新青年》第 2 卷第 1 号。
② 《毛泽东一九三六年同斯诺的谈话》，人民出版社 1979 年版，第 29 页。

到大家的赞同。他们便利用"课余饭后，假日星期，偶有空闲，即共同研讨有关学会各方面的种种问题：如学会的根本目的，实现目的的有效方法，我国的实际情形，人民的迫切要求，世界的民主运动和革命思潮等等"[1]。

1918年4月14日[2]，正值星期天，一个思想上要求进步的团体——新民学会诞生了。这是一个春光明媚、百花盛开的日子。这天，按照毛泽东的通知，经常在一起探讨问题的校友、同学和朋友们都相继朝着湘江对岸的蔡和森家走去。据萧三回忆：

> 四月十四日早饭后，我和陈绍休一起去找李维汉。只见他的房门上了锁，人不在。我们俩就又到同排房子的师范部，正巧碰到毛泽东、邹彝鼎、邹蕴真、张昆弟等几位同学。他们站在大门前，也准备到河对岸去开会。于是我们就汇到一起，向湘江边走去，在江边又遇到萧子昇（此人后来成为国民党官僚，反共，已在国外去世）和何叔衡两人。我们便分乘两只划子渡过湘江，径往岳麓山下刘家台子，进"为痴寄庐"蔡家，小憩片刻，就在他家门前不远的河滩树荫下谈论起来[3]。

上午11点，毛泽东、蔡和森、何叔衡、萧子昇、陈绍休、萧子暲、邹彝鼎、张昆弟、陈书农、邹蕴真、周明谛、叶兆桢、罗章龙共13人[4]，围坐在两张旧方桌连接而成的长方形会议桌周围，会议开始了。这次会议，讨论通过了学会的名称、宗旨和章程等。关于学会的名称，最初拟定为"新学会"，萧子昇主张用"新民会"，讨论结果，定名为"新民学会"。据

(vertical text left margin)

---

[1] 邹蕴真：《新民学会成立会和一九二一年新年会议概况》，中国革命博物馆、湖南省博物馆编：《新民学会资料》，人民出版社1980年版，第541页。

[2] 关于新民学会的成立日期，还有17日或18日之说，这里采用1918年4月14日萧三日记的说法。

[3] 《萧三文集》，新华出版社1983年版，第225页。

[4] 上述参加会议的名单，是根据萧三1918年4月14日的日记所列。另据李维汉回忆，新民学会成立会，"我因邹彝鼎、张昆弟的联系，也参加在内。"（李维汉：《回忆与研究》（上），中共党史资料出版社1986年版，第2页）

何叔衡

萧三回忆，这是取"大学之道在新民，……日日新，又日新"的字样，含有反对旧制度，主张革新，为人民的意思①。会议讨论由毛泽东、邹彝鼎起草的学会会章时，由于起草的会章，条文颇详，"子升不赞成将现在不见诸行事的条文加入，颇加删削；讨论结果，多数赞成子升"意见。通过的会章共11条，会章规定"以革新学术，砥砺品行，改良人心风俗为宗旨"；会员须遵守不虚伪、不懒惰、不浪费、不赌博、不狎妓五条纪律。会章还规定了会员的义务，学会组织构成、学会例会制度等等②。会议推举萧子升为总干事，毛泽东和陈书农为干事。会议最后讨论了会友出省出国等问题，直至下午5时才宣布会议结束。这次会议，宣告了由毛泽东、蔡和森、何叔衡、萧子升等人组织的一个进步团体——新民学会正式成立。

新民学会成立后，总部一直设在长沙。由于萧子升不久即去法国，学会实际负责人是毛泽东。据新民学会会务报告记载：学会自成立至这年8月的4个月中，"随即加入的会友，为下列九人：周惇元、何叔衡、李和笙、邹泮耕、熊瑾玎、熊焜甫、陈章甫、傅昌钰、曾星煌"③。根据会务报告记载，何叔衡是1918年8月加入新民学会的。实际上，新民学会成立会召开那天，何叔衡一直在场，还发表了自己的意见。那么为什么何叔衡参加了成立会，而又没有加入学会呢？"原来何老自愧年长才退，不配与二十岁左右的青年为伍，所以提出不入会。后经毛泽东等人几次劝说，才入了会。"④何叔衡是会员中年龄最大的。当时的学会会员大部分是第一师范学校的学生，也有少数其他学校的。

---

① 萧三：《毛泽东同志在五四时期》，中国革命博物馆、湖南省博物馆编：《新民学会资料》，人民出版社1980年版，第367页。

② 《新民学会会务报告》（第一号），中国革命博物馆、湖南省博物馆编：《新民学会资料》，人民出版社1980年版，第3—4页。

③ 《新民学会会务报告》（第一号），中国革命博物馆、湖南省博物馆编：《新民学会资料》，人民出版社1980年版，第4页。

④ 《萧三文集》，新华出版社1983年版，第227页。

何叔衡自参加新民学会成立会后，一直非常热心学会工作，毛泽东开展学会活动，时常与他商量。学会成立初期，首先遇到的是会员的出路问题。

学会的会员大部分是行将毕业的在校学生，这些人将奔向何方呢？此时，湖南政局极端混乱，汤芗铭、刘人熙、谭延闿、傅良佐、谭浩明、张敬尧，互相更迭，教育摧残殆尽，学生几至无学可求。因而会员的出路问题直接同学会会务的开展有密切关系。因而，学会成立最初几个月讨论最多的一个问题就是会员出省出国的问题。当时学会的会员都是有理想、有抱负的青年，他们认为仅仅在长沙学习或工作已不能满足他们的志向。况且湖南又较其他省份闭塞，交通不便，文化、政治处于比较落后的状态，因而大多数会员都有出省求学的愿望。再有，当时的中国与外国相比，科学也比较落后，会员中想出国学习的要求也甚为强烈。学会经过多次讨论，认为必须向外发展，走出湖南，走向全国，走向世界，开展大规模的自由研究。

当时湖南还不知道有留法勤工俭学之事，只知出国留学多在两个方向：一个是去南洋，因为这些国家华侨多，地域广；另外就是到那些资本主义较发达的国家去。而时尚最流行的是到日本去。人们认为日本是辛亥革命的策源地，孙中山组织兴中会、同盟会和武昌起义都与日本有关。再有日本是东方和西方科学文化的桥梁地带，接受西方的科学技术最早。而且全国在日本留学的已有近万人，湖南人也很多。鉴于这种情况，何叔衡首先提出到日本去。经过反复商量，学会决定傅昌钰、周晓三、罗章龙去日本，其中傅昌钰已在日本。这次决定罗章龙先行，待罗回信后，大家再谋陆续出发。后来，罗章龙回忆此事时说：

我是愿意去的，但家庭经济条件困难，而又不好当着大家的面说。会后我同何叔衡和润之谈了。润之说：这不是你个人的事，有困难大家想办法。何先生说：你有困难是实情，我们几个人一定设法送你去。其他同志也从道义上、经济上支援我，我自己也筹积了一些钱，会员们帮了一半，就决定动身了。……为了送我远行，学会在长沙北门外的平浪宫举行聚餐，大家鼓励我，消除顾虑，润之还用"二十八画生"的笔名为我写了一首诗相赠，……

又瞻岵（即何叔衡——引者注）临别赠言，书短句云："若金发砺，若陶在钧，进德修业，光辉日新！"①

罗章龙到上海后，准备转赴日本时，1918 年 5 月 7 日，发生了日本政府在东京殴打中国留学生，采取高压手段，迫使中国留学生回国的流血事件。罗章龙便中止赴日，满怀义愤地又从上海返回湖南，将此情况向毛泽东和何叔衡作了汇报。毛泽东和何叔衡认为，既然日本的情况如此，我们就不必去了，并同意罗章龙去北京学习。此后，新民学会决定不再派人到日本。

恰在此时，留法勤工俭学的消息从北京传到湖南，这是杨昌济到北京大学任教后，写信告诉毛泽东和萧子升的。原来，第一次世界大战时，法国政府曾在中国招募了十五六万人去做战争勤务。这时先后在法国留学的蔡元培、吴玉章、李石曾等人，为对华工进行教育，创办了留法勤工俭学会，以"勤于做工，俭以求学"为目的。并同一些法国人共同组织了法华教育会，蔡元培为会长，李石曾为书记，主持华工教育工作。1916 年蔡元培等人回国后，便在北京、上海等地宣传勤工俭学的主张，并在北京设立了总会，上海、广东设立分会，号召青年用半工半读的方法到法国去求学。

这一消息使新民学会会员为之振奋。当时，萧子升在楚怡学校任教，蔡和森居住楚怡，他们两人朝夕筹议组织青年赴法勤工俭学之事，何叔衡、毛泽东、陈绍休也时常参加讨论。1918 年 6 月 20 日左右，新民学会在第一师范附属小学召开会议，着重讨论"会友向外发展"问题。到会人员有：何叔

---

① 罗章龙：《回忆新民学会——由湖南到北京》，中国革命博物馆、湖南省博物馆编：《新民学会资料》，人民出版社 1980 年版，第 508—510 页。

衡、萧子升、萧子暲、陈赞周、周惇元、蔡和森、毛泽东、邹彝鼎、张昆弟、陈书农、李和笙等。会议"对于留法运动认为必要，应尽力进行"，并确定"留法一事，和森和子升专负进行之责"[①]。会后，蔡和森于 6 月 25 日抵达北京，通过杨昌济介绍，与李石曾、蔡元培取得联系，并与先期到京的罗喜闻等接触。他连续给湖南发信，通报在京联络情况，并要求毛泽东和萧子升等邀集志愿留法青年赴京。新民学会的会员和第一师范、长郡中学、周南女校、湖南商业专门学校、明德中学等校的进步青年 30 多人报名。新民学会会员中决定赴法勤工俭学的有蔡和森、萧子升、萧子暲、李维汉、陈绍休、张昆弟、熊光楚、罗学瓒、罗章龙等。8 月 15 日，毛泽东同赴京的新民学会会员和知识青年 25 人从长沙启程，于 19 日到达北京。

　　蔡和森和毛泽东等人因组织赴法勤工俭学一事相继赴京后，长沙新民学会的会务和通讯联络工作，实际上是由何叔衡负责的。此后，一部分会员由于留法，新民学会会员的活动则分为两支：一支在国内，主要在湖南；一支在国外，主要在法国。

　　这期间，在罗章龙出国还是留北京的问题上，新民学会会员中意见不能统一。陈绍休、萧子升到法国后，多次写信要罗出国。而毛泽东和何叔衡不同意罗出国，认为留在北京作用更大。何叔衡在给罗章龙的信中说："北方地区重要，一举一动影响全国，千万不要离开，好自为之！北方的革命工作也逐步持续开展起来了。"何叔衡还说："那些舍近求远的想法不免有离开现实的意思。不论遇到什么困难都应凝神一志以赴之。"罗章龙认为，何叔衡的"这段话对我有很大启发，我认为很对"[②]。这也是罗章龙长期留在北京工作的一个重要原因。

① 《新民学会会务报告》（第一号），中国革命博物馆、湖南省博物馆编：《新民学会资料》，人民出版社 1980 年版，第 5 页。

② 罗章龙：《回忆新民学会——由湖南到北京》，中国革命博物馆、湖南省博物馆编：《新民学会资料》，人民出版社 1980 年版，第 516、517—518 页。

1919年5月4日，北京爆发了以学生为主体的反帝反封建的爱国运动。9日，湖南报界冲破督军兼省长张敬尧的新闻封锁，报道了北京学生的游行情况，并连续发表《危机一发之山东问题》《山东问题之警报》一类激奋人心的文章。湖南的爱国青年学生，同全国各地一样，冲破阻挠，想方设法到处散发传单，向各界群众作口头宣传。湖南的爱国运动发展起来了。此时，何叔衡以极大的热情投入这个运动，全力以赴协助已经由北京返回长沙的毛泽东。那时，何叔衡仍在楚怡学校教书。他的住处常常是新民学会开会的地方。在五四运动期间，何叔衡与毛泽东以新民学会为核心，组织和推动湖南反帝反封建斗争不断深入发展。

为了将学生组织起来，统一行动，在毛泽东领导下，新民学会会员紧张地在各校活动，准备正式成立学生联合会。这时，邓中夏和北京另一名学生代表来到长沙，他们受命来鼓动湖南学生奋起响应北京学生的爱国运动。据当时的新民学会会员、一师学生蒋竹如回忆：

五月二十三日晚上，我正在一师十三班的自习室里复习功课，忽然毛泽东同志把我叫了出去。并告诉我：北京学生派来了两个代表——邓仲澥和×××（现已记不起姓名），要求湖南学生起来罢课，和北京学生采取一致行动。两代表暂住在楚怡小学何叔衡那里。我们现在要商量一下怎样响应北京的学生运动。于是，他邀我和陈书农、张国基等几个人，到一师后山操坪里，在月光下商谈了一阵。决定通过新民学会会员的活动，每个学校推举一个或两三个代表，于二十五日上午到楚怡小学开会[①]。

5月25日，会议在楚怡学校何叔衡处如期举行。毛泽东介绍双方代表见面后，即请北京来的两位代表报告五四运动发生的经过情况。他们希望湖南学生实行总罢课，声援北京学生的爱国斗争，要求惩办曹汝霖、章宗

① 蒋竹如：《湖南学生的反日驱张斗争》，中国革命博物馆、湖南省博物馆编：《新民学会资料》，人民出版社1980年版，第580—581页。

祥、陆宗舆三个卖国贼，拒签巴黎和会通过的和约。毛泽东在会上对第一次世界大战后的世界局势，南北军阀混战的情况，张敬尧在湖南所造成的罪恶，以及在新思潮的激荡下全国人民的觉悟逐渐提高等事实，都作了详细的分析和说明。到会人员通过讨论，作出决议：一、成立湖南学生联合会，作为发动罢课和统一各校学生行动的领导机构；二、到会代表散会回校后，抓紧传达北京两代表的报告内容和会议的决议事项；三、全省学联成立后，立即实行罢课。会上还酝酿讨论了全省学联的章程，主要内容是：设正副会长各一人；分评议、干事两部，各设部长一人，评议员和干事各若干人，评议员由各校派出的代表一人充当，干事部分设总务、交际、社会服务、编辑四股，各设股长一人。

5 月 28 日上午，各校代表齐集省教育会，举行湖南学生联合会成立大会。大会通过了章程，选举法专代表夏正猷、商专代表彭璜为正副会长（由于法专没能立即执行学联关于罢课决议，引起各校学生不满，夏因而辞职，学联改选彭璜为会长）。商专代表易礼容为评议部长，一师代表当选为执行部长。此后，在学联的领导下，从 6 月 3 日起，学生开始罢课，并同张敬尧展开了斗争。

在五四运动期间，新民学会注意发展学联中较积极优秀的同学入会。1919 年 11 月，新民学会在周南女校开过一次会。由于长沙会友对于会章条文觉得过于简略，于是提议修改，设立"评议""执行"二部，执行部下设"学校""编辑""女子""留学"各部。按照新会章，长沙会员选举何叔衡、李钦文为正副执行委员长；陶斯咏、周惇元、毛泽东、周敦祥、魏韫厂、陈书农、唐文甫、蒋竹如为评议员。随后，新民学会又继续带领会员投入新的斗争。

在"五四"时期，湖南人民反对封建文化的斗争也逐步达到高潮。在省学联的推动下，长沙各校学生出版了十余种刊物。同时，还出现了一些研究和宣传新文化的团体。除新民学会外，还有健学会、湖南学会、小学国文研究会等等。其中最引人注目的是健学会，它是以省教育会会长陈夙荒为首于 6 月 15 日成立的。健学会是当时湖南许多不满意张敬尧统治的教育界人士组织的具有进步意义的学术团体。成立会那天，参加会议的多是湖南教育界有代表性的人物，何叔衡参加了这次会议。据周世钊回忆：

> 会议由陈夙荒主持。他在开幕词中这样说："过去大学生以作官为唯一的目的，现在大学生的思想变了，都能注意一个人应该做的事情。这次学生救国运动，有人错误地认为是由于政客的勾引，而不知实出于学生的自动，和新旧思想的冲突。我国新思潮正在发展，不可遏抑，我们当及时研究，引导它走上正轨。健学会的组织在于采取正确健全的学说，而为彻底的研究。"经到会人士共同决定了健学会的会则。最重要的几条是："本会由同志组合，以输入世界新思潮，共同研究，择要传播为宗旨。""输入新思想的方法是：一、凡最近出版的图书杂志，由本会随时搜集，供会员阅览；二、函托海内外同志随时调查，通信报告；三、介绍名人讲话。""研究的范围，大体为哲学、教育学、心理学、伦理学、论理学、文学、美学、社会学、政治学、经济学诸问题，会友必须认定一门研究。会友学习外语的由本会会友传授。""传播的方法主要是讲演，分定期和临时两种，定期的每周于星期天上午举行。"①

健学会成立后，连续邀集会员和教育界、新闻界人士到楚怡学校举行演讲会。由会员将研究所得，轮流演讲，或请中外名人演讲，讲稿送报馆发表。最初几讲是由朱剑凡讲《中国人生的观念与死的观念的根本谬误》、张孝敏讲《做人》、杨树达讲《教育与文学》、陈夙荒讲《杜威的教育主义可以采用吗》。每次听讲的人积极踊跃，大家觉得有一定的收获。这种演讲，一直坚持到 1920 年上半年。当时社会上有人对健学会求全责备，毛

① 周世钊：《湘江的怒吼——五四前后毛泽东同志在湖南的革命活动》，中国革命博物馆、湖南省博物馆编：《新民学会资料》，人民出版社 1980 年版，第 410 页。

泽东则大加赞赏。他认为："在这么女性纤纤暮气沉沉的湖南，有此一举，颇足出幽囚而破烦闷。东方的曙光，空谷的足音，我们正应拍掌欢迎，希望他可做'改造湖南'的张本。"①

参加驱张运动

驱逐张敬尧，是湖南人民向反动军阀发起的一次有力冲击，也是湖南人民反帝反封建斗争深入发展的重要标志。

1918 年 4 月，皖系军阀张敬尧在段祺瑞的扶植下，执掌了湖南大权，当上督军兼省长。张敬尧执政后，欺压百姓，手段残暴，民不聊生。人民恨之入骨，谥他为毒，比他为虎。他的三个弟弟敬舜、敬禹、敬汤，也依仗兵势，助桀为虐，招权纳贿，横行霸道。当地群众曾形容他们是："堂堂乎张，尧舜禹汤。一二三四，虎豹豺狼。"

张敬尧入湘后，纵兵殃民，湖南出现一片凄惨景象。据湖南各界人士痛斥张敬尧祸湘罪行的控诉书中说：

> 七年（一九一八）五月之后，醴陵全城万家，烧毁略尽，延及四乡，经旬始熄；株洲一镇，商户数千家，同遭浩劫；攸县黄土岭一役，被奸而死者，至于女尸满山。杀人之多，动至数万。而兵听劫掠，地无不遍。人民流离转徙，至今未复。死不能葬，生无可归。岳州、宝庆各处，大半烧残，十室九空，不忍目睹。然此犹得曰，战时不常及远地难制也。长沙一城，军署（按指张敬尧的督军署）所驻，白昼抢劫，无日无之。其弟张敬汤，强买商物，不给分文，事尤屡见。而所派清乡队，在乡获"匪"，动押亲族或团保取赎，每赎一人，勒索千元、数千元不等，皆有据可证。人民乱后萧条，重

---

① 《健学会之成立及进行》，1919 年 7 月 21 日《湘江评论》临时增刊第 1 号。

遭敲剥，卖妻鬻子，不能应供，而暴兵三五成群，下乡搜索，横行闾里，无日或宁。凡此纵兵殃民之结果，以致农不得耕，商不得市①。

张敬尧统治湖南两年，湖南的军事、政治、经济、文化等各方面都受到严重摧残。张敬尧为饱其私囊，借口整理金融，施行种种伎俩进行搜刮。湖南全体学生在控诉张敬尧之罪状的通电中说：

湖南银行，原发出银两票约千一百余万两，银元票约九百余万元，铜元票约一万一千万余串。此皆湘省流动之资金，亦湘民血汗之代价。自张氏到湘以来，始则利用湖南银元已印未发，或已收未毁之纸币，以吸收现金。继则设立裕湘银行，强定价格，操纵市面，以弋取厚利。税课各项收入，则贬抑票价以折合银元。军政各费支出，则提高票价以折抵现货。反复盘剥，获利已丰。最后则将湖南银行一百余万两之宽流通票，命令作废。又将各种票币，均以高价散之市面，令人民将各旧票购置惠民彩票，一律销毁。复将新票提高价格，乃诳称惠民彩票多数未经出售，又将新票价格逐渐低落，致成废纸，不值一钱。于是湖南银行巨万之新旧纸票，人民以现金取得者，皆已委为废物，因之破产倾家流离失所者，所在皆是。而张氏犹以为未足也，复令裕湘银行续发铜元票三千余万串，银元票千余万元，藉以刮取现金。其弟敬汤更私设日新银号，互相呼应。张氏之欲壑未填，湘民之脂膏已索然尽矣②。

张敬尧在经济上不仅操纵银行，滥发纸币，还大量征收盐税、烟酒税、纸捐、厘金等。同时还拍卖公产、盗押矿山，将水口山铅矿押与外人；白铅炼厂押与美商；与英商订约，将全省矿产抵押 3000 万元。湖南纱厂则拍卖给天津商人③。张敬尧自兼湖田督办后，先后盗卖沅江官附垸湖田

① 上海《民国日报》1920 年 1 月 19 日。

② 湖南省博物馆校编：《蒸阳请愿录》，湖南人民出版社 1979 年版，第 33 页。

③ 李锐：《早年毛泽东》，辽宁人民出版社 1993 年版，第 260 页。

12000余亩，售价20万元。张敬尧把工厂、矿山视为私产，随意拍卖抵押。遭到湖南各界人士的反对。

张敬尧还严重摧残湖南的教育事业。从1919年5月开始停发教育经费，致使学校"一钱莫名。以至校长因负债过多，无法偿还，相率逃亡。师范学校因膳费无着，至于罢餐。教员因七个月未领薪资，枵腹难忍，全体罢课"。湘城教育机关如省教育会，学校如第一师范、第一中学、宁乡中学等，"均被张氏部下占据，两年不撤"。他们"破坏器具，污毁房舍。学生无上课讲堂，仅与彼辈争一二间侧室，为吃饭睡眠之所。旧有学生，因之请假回家。新招学生，亦多裹足不前"。工业学校的实习机器，"亦多被兵士劫窃"。"校内职教员，据理力争，张氏乃以捕拿枪毙相恫吓。"1918年秋季，各公立学校，张氏通令不准招考新生。1919年秋季，高等工业、第一师范学校自行筹款，勉招新生数班。甲种工校，始则许招新生一班，继仍否认。经过再三交涉，仅认以学生学费作为教育经费，不准另增预算。于是学校班次，不相衔接。湖南省教育，在张敬尧的摧残下，已近"势将中辍"状态[①]。

五四运动爆发后，张敬尧竭力禁止湖南人民的爱国运动，反对抵制日货的斗争。1919年5月9日，张敬尧召集长沙各校校长谈话，说："如鼓动风潮，恐遭外人诘责。省垣各校学生，不得听信谣言，借青岛问题，引起纠纷。"5月11日，张敬尧令警察厅召集长沙各报记者，宣布在"戒严期间，不宜激动民气"，勒令各报不得登载有关山东问题的一切消息。警察厅遂派员检查，严密控制，并且不准报纸开天窗。5月14日，张敬尧又公开发布"防范过激党"的谈话。张敬尧的多方压制和新闻封锁政策，丝毫压制不住人民的爱国热情，相反地更加激起人民的爱国情绪。尤其是青年学生，他们的反帝爱国热情更为高涨。

由于连年军阀混战和张敬尧滥发纸币，造成湖南商业近乎停滞。到

---

① 湖南省博物馆校编：《蒸阳请愿录》，湖南人民出版社1979年版，第28—29页。

1918年，"日人此时在湘省之商业势力，已由过去一倍增至四倍"。这时长沙各百货店，日货占十之八九，而国货不到十之一二。鉴于这种状况，1919年5月下旬，湖南即由省议会、农会、教育会、商会等各团体组成"国货维持会"。但是这个"国货维持会"并不积极抵制日货，对维持国货只是主张"渐进""坚持"。他们主张的办法，是将日货名单宣布，请群众不要购买即可。主要是要求政府，减轻国货税率，提高日货所用中国原料的价格，反对群众运动，反对群众的宣传讲演，特别是害怕对日货的切实调查和焚毁日货的行动。学生联合会自决定进行抵制日货后，即积极参加国货维持会和改进国货维持会的工作。学生在校内设立纠察机构，以监督学生不用日货，如有误买者，即劝到原店退回，否则置校内陈列。这一行动就连小学生也积极参加进来。

在抵制日货斗争中，各校学生还组织了"救国十人团"，即每十人为一团，进行宣传演讲和进行爱国储金劝募及贩卖国货的活动。有的在市面挨户进行演讲，宣传国耻之重，宣传日货之害，使外交失败和"国耻"二字深入人心。当学联获悉商会参加"国货维持会"的目的，是为了"维持日货"之后，学联便派出许多调查员分驻在长沙纱号、纸业、绸布、苏广、南货、印刷、玻璃各行业，并联络各商店店员、工人一同对日货进行详细的调查。查出的日货，即行封存，限期拍卖完毕。调查员对那些盗运和偷卖日货的商人，耐心进行说服教育，勉以爱国大义，促其自觉自动实报，并按照国货维持会的规定，给予那些情节较严重的商人以罚金或没收直到烧毁其日货的处分。7月7日，国货维持会和学联及绸布业国货维持分会等联合举行了"焚烧日货"大示威。他们在长沙教育会坪焚烧了一批日货，群众拍手称快。湖南抵制日货的运动在群众中蓬勃开展起来。

在维持国货，抵制日货斗争期间，日本帝国主义者对群众的行动进行威胁和迫害的事件时有发生。1919年7月4日，长沙学生在湘江码头劝阻旅客不要乘坐日本轮船时，日商戴生昌汽船公司居然指使轮船水手，将学生联合会调查员符契扭入该公司毒打。这件事引起湖南各界人士的强烈不满。7月6日，全省学生举行游街大会，向张敬尧"请求严重交涉，以全国体"。面对学生的正义要求，张敬尧不但不给予支持，反诬学生是"过激党"，并勒令学联解散。而对于日轮水手，则仅处以三个月徒刑了事。

学生联合会虽然被张敬尧明令解散，但在毛泽东的领导下，一直秘密开展工作。1919年11月16日，湖南学生联合会以重组方式在第一联合中学召开成立会。有25所学校的代表到会。会议选举了正副会长，选出总务、编辑、交际及社会服务各部干事。制定章程17条，以爱护国家，服务社会、研究学术、促进文明为宗旨。并发表再组宣言。宣言愤怒揭露了段祺瑞、张敬尧之流的卖国罪行，宣言说："欧战告终，潮流顿变，自主自决，权在国民。强敌觊觎，为日已久，倘无团结，何以争存？山东问题，急待解决，政府麻木，施措乖方；既失于前，当慎于后。主权回复，谁负仔肩？若以政府为万能，置安危于不顾，则丧尽国民之资格，而永为臧获矣，不亦大可哀乎？人将灭吾国而奴吾族，而吾犹儵儵自得，杳不知其所以。任彼金壬，植党营私，交相为病，瘢昏如醉，倒行逆施，刮削民膏，牺牲民意，草菅民命，蹂躏民权，置人民于无何有之乡，唯一己之骄奢是纵，长此以往，后患何堪！"[1]这实际上是湖南人民第一次驱张宣言。

此后，学生联合会的活动依然以检查日货，坚持反日爱国运动为主。这时，福州连续发生日人殴伤学生，军警射击学生惨案。湖南学联散发声援闽事惨案传单，要求全国人民加紧抵制日货，反对军阀政府。11月26日，长沙广益中学学生纠察队在小吴门火车站查出大量日货，大家要求立即焚烧。而窃运日货的奸商勾结军警强行将日货运至国货维持会，拒绝烧毁。11月30日，国货维持会召开会议，议决"所有查出之日货，由学生部轮流看守，定于一号付之一炬"。由于12月1日那天，众奸商在国货维

① 长沙《大公报》1919年11月25日。

持会喧闹一天，阻挡焚烧货物，因而推迟一天。12月2日，学生举行游街，将日货运往教育会坪，照议决案执行。何叔衡参加了这次行动。这时，张敬尧则只相信商会会长张先赞一人的报告，强指学生为土匪，派兵干涉。据亲历者周世钊回忆：

> 这天天气晴朗。我们修业学校的中小学的学生和教师，刚吃过早饭就急忙整队出发，去参加示威游行。冬天的太阳照在年轻人绯红的脸上，照出他们内心的愤怒和兴奋。我们学校的队伍跟着游行大队，走过东长街、青石桥、八角亭、坡子街、西长街，向教育会坪前进。大队的前面，由军乐队引导。一些身强力壮的纠察队员抬着要焚烧的日货走在军乐队后面。男女学生约五千人又走在纠察队后面。大队的两边，学生用手挽着用日货布匹联成的长布条，正像出丧时送葬人执绋一样。队伍走过洋货店门口时，"抵制日货"，"打倒奸商"的口号叫得特别响亮。洋货店悬挂放盘赠彩，七折八扣等旗帜的，都被取掉。下午一时，游行示威的队伍已经齐集在教育会坪。一大堆日货摆放在坪中央，学生和旁观的将达万人，围绕着日货站成多层的圈圈，等候着日货的焚毁。
>
> 正当学联负责人和各校学生代表站在特设的台上讲演焚毁日货的意义时，张敬尧的参谋长张敬汤穿着长袍，骑着马，带领一营兵，一连大刀队，冲进坪中，指挥他的兵从内外两面将学生紧紧围住。他自己向台上一站，就破口大骂："放火，抢东西，就是土匪；男学生是男土匪，女学生是女土匪。对土匪还要讲道理么？打啦，办啦，就是道理！"讲到这里，他叫大刀队压着在台上的学生代表跪下，并打他们的耳光。他又在台上顿足大呼："坪中的学生都回去，不许停留！"几百个兵立即用枪上的刺刀朝着学生的胸膛，逼着他们离开会场①。

① 周世钊：《湘江的怒吼——五四前后毛泽东同志在湖南的革命活动》，中国革命博物馆、湖南省博物馆编：《新民学会资料》，人民出版社1980年版，第421—422页。

就在张敬汤镇压焚烧日货时，何叔衡毫不畏惧，挺身而出，鼓励学生不要怕，团结起来把坪里的日货烧光。学生们怕他挨打，护送他冲出会场。他说："爱国不怕死，为民除害，死而何憾！"学生被打散回校，莫不义愤填膺。

这是学界从未有过的惨剧，它成为促使湖南人民进行驱张运动的导火线。张敬尧祸国殃民，罪行历数不尽。对此，湖南各阶层人民无不恨之入骨，一致认为"张毒不除，湖南无望"。于是，一个声势浩大的以学生为主的驱张运动爆发了。

驱逐张敬尧出湖南，实际上从1919年7月湖南学联被张敬尧强行解散时就已经开始了。学联解散后，会长彭璜等去上海作反张宣传，以联络省外力量进行驱张。9月，毛泽东联络湖南教育界、新闻界秘密策划驱张。12月2日学生受侮，愤怒异常，驱张势在必行。12月3日下午，毛泽东约集新民学会会员开会。会上，他分析了当时的形势，认为驱张已经具备了有利条件。他说：湖南各阶层人民对张敬尧的愤怒到了极点，广大青年学生和教育界已到忍无可忍的程度，驱张已有群众基础。张敬尧的臭名不仅传遍湖南，且已传闻全国；如北京的湖南名流熊希龄、范源濂不仅不受他们收买，反通电揭发他的贪赃枉法的罪证，向北京政府控告"张敬尧祸湘五大罪状"。同时，皖、直两系军阀正互相水火，张敬尧同驻扎在衡阳的直系军阀吴佩孚的矛盾正在增长，驻扎常德的冯玉祥对张也很表反感。在军阀内部的矛盾尖锐化的情况下，张极为孤立、脆弱。驱逐张敬尧的时机，已经完全成熟。毛泽东认为，现在关键的是把群众首先是全体学生、教职员动员起来，同张敬尧斗争到底。经过讨论，会议决定揭起驱张大旗，发动全省学生总罢课。

12月4日，在楚怡学校召开了长沙市各校师生代表会议，何叔衡担任主席。会上，他根据事先和毛泽东等商议的意见，阐明了驱张的意义和策略，提出了"张毒一日不出湘，学生一日不返校，教师一日不受聘"的斗争口号，获得会议一致通过。

12月6日，第一师范、商专、修业、楚怡、明德、周南、工专（工业专门学校）等校率先罢课。不到一星期，长沙各中等学校和部分小学均已罢课。湖南学联代表长沙1.3万名学生发布驱张宣言。宣言说："回想两年以来，有教育等于无教育，学生受尽摧残之实，张氏反得维持湖南教育之名，呼吁无门，忍无可忍。不得已于十二月六日，全体罢学，解散归家，守候湘局解决。张敬尧一日不去，湘学生一日不回校，时日曷丧，誓与偕之。明知此为极大牺牲，为前此之所未有，亦实因张氏罪大恶极，浮于中外古今。"[①]学生罢课，对张敬尧是沉重打击。而教职员罢教，使张敬尧更加难堪。学生总罢课后，由于健学会的中坚作用，以及毛泽东与何叔衡、罗宗翰等在教育界工作的新民学会会员的活动，长沙73所公、私立学校的教职员1200人在学生罢课之后宣布罢教。由于张敬尧侦骑四出，威胁、收买教育界人士，声言要捕人。因此，学联和各界的驱张活动转入秘密状态。

罢课之后，何叔衡与毛泽东又在楚怡学校召集新民学会会员和学联骨干以及部分教育界人士开会。会议决定立即组织驱张代表团，每校派学生代表两人参加，分赴北京、上海、衡阳、常德、郴州、广州等地作请愿活动。一方面扩大驱张宣传，一方面欲请吴佩孚出兵，从军事上压服张敬尧。另外留一部分人在长沙，继续组织学生和团结省内人士进行驱张运动，并负责与省外代表联系。前往北京的主持人是毛泽东，任公民代表团团长。何叔衡、夏曦等主持赴衡阳代表团的工作。这次新民学会会员共出动了近20人，参加各代表团的领导工作。

赴衡阳的代表团，是由部分教职员和学生代表组成的。教职员有何叔衡、易培基、蔡人龙、蒋育寰等，他们以公民代表名义进行驱张活动。学

① 湖南省博物馆校编：《蒸阳请愿录》，湖南人民出版社1979年版，第10页。

生代表有湖南工业专门学校的陈宗汉和李才矩，法政专门学校的黎宗烈和邱惟勤，商业专门学校的彭思影，第一师范的蒋竹如和魏显烈，长郡中学的易介一、丑伦杰和汤应衡，女子师范的李思安等。

1919 年 12 月 27 日，第一批去衡阳的驱张代表在楚怡学校集会，商议赴衡请愿事宜。并每人分发川资四元，约定明早在小吴门外车站集合。12 月 28 日，代表团启程。各代表由长沙搭车到株洲，再由株洲乘民船于 1920 年 1 月 2 日抵衡阳，住在长春旅馆。途中，在船上对于此次请愿办法，代表们进行了多次讨论，初步决定：1.分文牍、交际、庶务三股负责；2.宣布张敬尧罪状；3.教职员学生分途接洽。并作出代表团成员不嫖不赌，不外宿的规定。

驱张代表团到衡阳后，立即分途向湘南学生联合会、女子救国会及各校同学处，报告长沙学校解散情形和此次请愿的办法，得到他们的支持。1 月 9 日，代表团联合湘南学生约 400 人到吴佩孚司令部及各旅部请愿。据记载：

> 九日上午十时，本团代表二十一人，湘南男学生约三百人，女学生约七八十人，齐集成章中校。事前备有小旗三百，以红绿二色，书写极夺目之字样，如"请诛屠毒湘人之张敬尧"、"请救湖南三千万垂毙之人民"、"请诛土匪督军张敬尧"、"湘人与张贼不两立"、"破釜沉舟"、"还我自由"等语。出发时，本团代表先驱，队前高举"湖南学生去张请愿代表团"大旗；次则湘南女学生队，首亦树"湘南学生去张请愿代表团"大旗一方；又次则湘南男学生也。各人手执小旗，游行街市，秩序整肃，气象森严。市民军警，见之无不额手。到吴氏师部时，约十时半。学生队伍齐立前坪，由代表团推出之发言代表九人（本团四人、湘南男学生二人、女学生三人），请见师长。吴氏亲自出坪接见（吴氏出坪时无一随身卫兵，与张敬尧兄弟武士环身者有别）。发言代表面呈请愿书，及张酋罪状书，并诉说去张之决心，与所请求之六条：（一）请电中央撤惩张敬尧。（二）请即

移驻长沙，维持秩序。（三）张敬汤殴辱职教员及学生，请电京严办。（四）请电中央维持湘省教育，恢复学生爱国运动。（五）请设法促进南北和议。（六）请与驻湘各将领维持湘局。于是发言代表恸哭陈词，全队学生哭声大作，左右侍卫军士亦为泣下。吴将军乃大感动，允三日答复。学生等以未得具体办法，席地守候，以示坚决。张参谋长乃出为切实担保，始列队往各旅部请愿。……请愿既毕，复回成章中校，时已过午，而学生精神振刷如初[①]。

为促使吴佩孚尽快作出决定，驻衡驱张请愿代表团共到吴佩孚处请愿10余次。其中有两三次是与衡阳学生代表联合行动的。有时是派人谒见吴佩孚，面呈请愿书。3月1日，何叔衡由长沙到达衡阳。他与匡日休等以湖南公民代表名义上书吴佩孚。他们在请愿书中痛陈张敬尧在湖南的罪行，诉说为了3000万湘民不死于虐政之下，"长沙学生被迫解散，奔走呼号，迄今三月"。恳请吴佩孚明了，"倘将军于斯时而以救国救民为己任，则国贼可除，国权可争，倒悬之湘民可救矣"[②]。3月12日，何叔衡、蒋先云、夏明翰等动员衡阳各界万余人，在雁峰寺举行国民大会，通电北京和广州政府，请求撤惩张敬尧。

对于张敬尧，吴佩孚自有他的打算。当时坐镇衡阳的直系军阀吴佩孚，与皖系的张敬尧之间，因权利之争，暗斗甚烈。吴入湘后没有攫得湖南督军的位置，很不满意。他颇想笼络民心，为日后个人的事业打下基础，并利用机会对张敬尧和皖系进行报复。因此，他对请愿代表团一面表示同情，并示意"自有办法"，一面乘机通电各方并致电张敬尧，向张敬尧施加压力。吴佩孚对张敬尧的这种态度，对代表团的活动无疑是有利的。

驻衡湖南驱张请愿代表团在何叔衡等人的领导下，开展了各种驱张活

---

① 湖南省博物馆校编：《蒸阳请愿录》，湖南人民出版社1979年版，第71页。

② 湖南省博物馆校编：《蒸阳请愿录》，湖南人民出版社1979年版，第48页。

动。他们不仅向吴佩孚请愿，还致电湘军首领谭延闿请他出师讨贼，代表团中学生请愿代表以驻衡湖南学生请愿代表团名义，在给谭延闿的电文中说："张敬尧榻湘三载，民不聊生。即乞出师长岳，以解倒悬。"何叔衡等以公民代表身份代表长沙5.7万余人致电谭延闿："张敬尧虐毒湘民，三年于兹。今更纵兵劫掠省会繁区，日数十起，民亡无日。""急望毅然出师，救民水火，饮泣待命。"① 代表团还创办《湘潮》周刊，"做去张运动的加紧鼓吹"，同时还提出了鲜明的根本改造国家社会的主张。该刊自1920年1月创刊至5月停刊，共出版发行17期。为了宣传群众，代表团积极排演新剧，如《救国潮》《有志少年》《为国牺牲》等剧目，颇受群众欢迎。

何叔衡往返于长沙、衡阳、郴州之间，十分注意发动群众，组织领导群众的驱张斗争。他去郴州时，带领一部分学生，步行耒阳、资兴、临武、宜章等县，沿途宣传、发动群众。许多人脚走肿了，而他却精神抖擞，晚上不是听汇报就是写稿子。在衡阳时，他除发动群众和依靠群众进行斗争外，还非常注意广泛地与当地上层人士联系，争取他们共同驱张。湘南学联骨干夏明翰的祖父夏时济，任过清朝的户部主事、江西和江苏督销局以及两江营务处总办等职，在衡阳绅士界很有地位，同吴佩孚也很有交情。何就亲自去拜访，争取夏时济领衔联合湘南各界知名人士发表了驱张请愿电文。开始时，夏明翰对此十分不满，认为自己祖父老朽顽固，驱张不应和这样的人打交道。经过何叔衡的耐心说服教育，不但使夏明翰提高了认识，而且说服了夏明翰利用祖父与吴佩孚的关系，亲自带领一部分同学向吴请愿，收到了很好的效果。

在何叔衡等人领导的衡阳驱张运动日益高涨之时，以毛泽东为首的赴北京驱张代表团，也在北京积极开展驱张活动。他们先后七次向北京政府的总统府、国务院请愿；三次递送控诉张敬尧摧残教育的呈文；发表《快

---

① 湖南省博物馆校编:《蒸阳请愿录》，湖南人民出版社1979年版，第22页。

邮代电》和《罢课第二次宣言》；成立平民通信社等等。赴上海的驱张代表团抵沪后，成立了湖南旅沪各界联合会，并同原在上海的反张组织湖南善后协会，出版《天问》《湖南》等刊物，宣传驱张。赴各地驱张代表团的活动，同时得到社会上的广泛支持。北京、上海、南京、武汉、河南、江苏等地的学联或教联，以及留美、留日湘籍学生等近 20 个团体，纷纷发表要求惩办张敬尧的函电。一些报纸也发表揭露张敬尧的宣言、通电，京、津报纸发表了《政府尚不撤办张敬尧耶》《张敬尧可以已矣》的时评。全国各界联合会发表了声讨张敬尧通电。全国学生联合会致书张敬尧，请张敬尧"快识时务"，走为上计。

留守长沙的新民学会会员和学联骨干分子坚持同张敬尧斗争。他们将收到的各地驱张消息编辑成《驱张通讯》，油印分发各校及有关方面；组织剧团，演出反封建的新剧；开办各种临时补习学校，为各校离校学生补习；利用茶楼旅馆作为宿舍和活动场所，暗中为代表团筹款。

在省内外一致声讨的形势下，张敬尧显得惊慌失措。他明令查办何叔衡等教育界驱张代表，诬称学生行动为何叔衡等教唆，通令开除何叔衡等，"永不叙用"。他通令开除 54 名学生代表，诬陷他们为"过激党"，令军警通缉。他还下令军警搜查长沙各旅馆，查禁各补习学校，企图使学生无栖身之地。同时，张敬尧为应付全国各地似雪片飞来的声讨函电，掩盖学潮，劝令各校复课，并指令"安福渔行"的黄中、曾广钧等组织"保张团"，发表留张通电。张敬尧的这一丑恶行径，立即遭到湖南学生代表团的谴责。留在长沙的学生再次以"湖南一万三千学生"的名义，发布宣言："各校代表一日不回湘，学生等即一日不来省。"终于使张敬尧的阴谋败露。

在湖南学生和教育界开展驱张之际，直皖两系军阀利害冲突日趋剧烈。驻在湘南前线的吴佩孚，亦开始了撤兵北去压服皖系的行动。1920 年 1 月，吴佩孚自衡阳前线发表"军士思归，留为外用"的通电，要求撤防，以威胁北京政府。北京段祺瑞政府则给吴佩孚发放两个月的军饷，以作缓兵之计，并令张敬尧对衡阳前线"速派劲旅以备不虞"。这时，在驻湘的军阀部队中，以吴佩孚和冯玉祥最具势力，张敬尧只有一个第七师，其余驻湘北军并不直接属张敬尧统率，实无力支持危局。皖系徐树铮虽有数师之众，亦不能舍近求远，离京南下。因此，皖系军阀已无力顾及衡阳前线，只有让张敬尧一人去抵挡。

三四月间，驻湘直军第三师、第十一师、第二十师、第十六旅、直隶各旅、奉军等，由吴佩孚领衔，以全体官兵名义，连续通电全国，控告张敬尧的搜刮政策，使北军供给受到损失。这时的张敬尧已处在四面楚歌之中。

驻衡代表团得知吴佩孚准备撤离衡阳时，便离开衡阳前往郴州，向进驻郴州的湘军首领谭延闿请愿，促其早日进驻长沙，驱逐张敬尧出境。

5月25日，吴佩孚开始率军后撤。27日，吴佩孚由衡阳乘船沿湘江顺流北上。路经长沙时，张敬尧严加戒备，吴佩孚无意"战长沙"。张敬尧也没勇气截击，吴军乘船直去武汉。由于吴佩孚在退兵之时，早已同谭延闿、赵恒惕达成默契，因而吴军退一步，湘军即进一步。张敬尧自进入湖南后，虽然很快将嫡系部队扩编到七八万人，但是由于军官贪财，兵匪不分，养尊处优几年，已毫无战斗力。5月28日，湘军占领耒阳、祁阳，前锋进抵衡阳，张敬尧的心腹大将吴新田则不战而逃。6月2日，湘军攻占宝庆，将张敬尧的另一心腹大将田树勋击毙。此后，湘军一路势如破竹，5日占永丰，6日下湘乡。在湘军节节进逼的形势下，张敬尧已无心作战，伺机逃跑。6月7日，张敬尧致电段祺瑞政府，"当此外侮日亟，国家养兵不易，留此军队为堂堂正正之用，何忍牺牲于内战之中"，准备逃跑。6月8日，他勒令商民缴出银洋80万元，声称如不照交，即令军队屠城；又勒提全城房租，强索湖南中国银行现款20万元。他在长沙作了最后一次掳掠搜括之后，于6月11日晚将所住的"镇湘楼"及军火库焚毁后，乘船逃往岳州。6月26日，张敬尧带领他的军队全部退出湖南省境。

在湖南各界人民和各路驱张请愿代表团的努力下，在省外人民的支持下，以湖南学生和教育界为主体的驱张运动取得了胜利。这一胜利，衡阳代表团起了重要作用。1920年6月14日，驻衡湖南驱张请愿代表团接到长沙代表通讯团来电，报告张敬尧已离湘，促代表团返长沙。翌日，代表团开始返程，6月17日回到长沙。6月18日，代表团成员按事先约定，午前齐集明德学校，商议代表团解散办法。11月8日，代表团善后工作全部结束，驱张运动遂告终结，以何叔衡等人领导的驻衡驱张请愿代表团完成了它的使命。对于何叔衡在驱张代表团中的作用，毛泽东曾给予肯定。1920年4月，他称赞何叔衡说："叔翁办事，可当大局。"①

接受与传播马克思主义

1920年6月，张敬尧被湖南人民驱逐出湘后，新的统治者谭延闿、赵恒惕打着"为民除害"的旗帜进入长沙。谭延闿自任省长，并在6月17日各界代表欢迎会上宣布："我此时仍以（湘军）总司令名义整顿一切，良以大敌当前，不容规避。"② 显然，正如后来毛泽东所说的，"谭延闿是一个聪明的官僚，他的湖南几起几覆，从来不做寡头省长，要做督军兼省长"③。赵恒惕此时的名义是"湘军总指挥"。这样，湖南的军政大权就被谭、赵二人所掌握。但由于他们这时的地位还不稳固，因而不得不装扮出某种"顺应民情"的姿态。他们为了维护自己的统治，抵御北洋军阀势力再度伸入湖南，利用湖南人民极欲从此脱离北洋军阀政府的魔掌，休养生息，恢复元气的愿望，发出所谓"祃电"，宣布"湖南自治"。为了装饰"自治"的门面，他们

---

① 转引自1979年8月13日李维汉给何实嗣的信。
② 转引自李锐：《早年毛泽东》，辽宁人民出版社1993年版，第308页。
③ 《毛泽东选集》第2卷，人民出版社1991年版，第546页。

不得不给予人民一点所谓"民主自由"。于是，各种新的团体乘机而起，新的书报也可以自由买卖。这正是新民学会开展活动的好时机。

7月，毛泽东由上海回到长沙。这次他率领驱张代表团在北京进行驱张请愿活动后，又到达上海。在这期间，他广泛地接触了介绍马克思主义的书籍，树立起对马克思主义的信仰，并从李大钊和陈独秀的革命活动中受到启发，意识到要组织革命斗争首先要推动新思潮的研究，扩大马克思主义的宣传。于是，他回到长沙后，开始组织新民学会会员中的积极分子学习有关马克思主义的书籍。何叔衡、彭璜、陈昌、熊瑾玎、郭亮、夏曦、肖述凡、易礼容等参加了学习。他们学习的主要书籍有《共产党宣言》《社会主义从空想到科学的发展》和列宁的几种著作，以及《阶级斗争》《社会主义史》等小册子。此外还有《新青年》《共产党》等刊物。通过学习，何叔衡等人在思想上日益倾向马克思主义，开始接受马克思主义。

为了推动对新思潮的研究和扩大马克思主义的宣传，何叔衡首先协助毛泽东创办了文化书社。何叔衡成为文化书社的发起人和投资者之一。当时湖南的革命青年和一般的进步分子，对新文化、新思想的要求，如饥似渴，就连部分教育界上层人士，在五四运动反帝反封建革命浪潮的激荡下，也对新文化、新思想的传播和研究有着不同程度的要求。但是，由于在张敬尧统治时期，一切新思想和新事物都被禁锢和摧残，新书报很少传入湖南，因而新文化运动在湖南没有广泛展开，湖南的思想文化界还处在一片沉闷的状态。正如7月31日长沙《大公报》上刊登的毛泽东撰写的《发起文化书社》一文中所说："没有新文化由于没有新思想，没有新思想由于没有新研究，没有新研究由于没有新材料。湖南人现在脑子饥荒实在过于肚子饥荒，青年人尤其嗷嗷待哺。文化书社愿以最迅速、最简便的方法，介绍中外各种最新书报杂志，以充青年及全体湖南人新研究的材料。"[①] 在

---

① 1920年7月31日长沙《大公报》。同年8月24日，长沙《大公报》再次全文刊载此文时，将标题改为《文化书社缘起》，文字略有不同。

这种情况下，要向人们宣传马克思主义，宣传新文化、新思想，必须尽快建立一个销售新书刊的机构，因而创办文化书社正是适应了这种需要。

　　然而，文化书社的建立并不是一件很容易的事情，它需要资金和社会各界的支持。为了解决这个问题，何叔衡除节衣缩食，把自己能拿出的钱都捐给了书社外，还利用自己的社会关系到处奔走，为书社筹集资金。当时的长沙县长姜济寰，是何叔衡所教的一个学生的父亲，思想比较开明。何叔衡邀毛泽东一起去拜访他，并取得他的支持。在姜济寰的影响下，商会会长左学谦和教育界朱剑凡、易培基等知名人士，也给书社以资助。经过努力，资金问题基本得到解决。

　　8月2日，文化书社发起人在楚怡学校召开会议。会议议决了组织大纲，推定易礼容、彭璜、毛泽东3人为筹备员，主要负责起草议事会及营业部细则，觅定房屋通信及外埠订购书报刊等事宜。8月20日，租定潮宗街56号湘雅医学校的3间房子为社址（后来由于业务量增大，曾搬到长沙贡院西街和水风井）。8月22日，书社召开第一次议事会。参加会议的人有毛泽东、何叔衡、彭璜等一批新民学会会员，有上层人士姜济寰和左学谦，还有教育界方维夏、朱剑凡、易培基、王季范、贺民范、匡日休等，共27人，这些人均是投资者。这次会议通过了《文化书社组织大纲》。《大纲》规定了书社的宗旨、组织构成和经营方法，指出："本社以运销中外各种有价值之书报杂志为主旨。""使各种有价值之新出版物，广布全省，人人有阅读之机会"。会议推举新民学会会员易礼容为经理，毛泽东为"特别交涉员"，并聘请陈独秀、李大钊、恽代英等为"信用介绍"。在各界进步人士的多方支持下，经过两个多月的筹备，文化书社于9月9日正式营业。

　　由于资金少，文化书社最初一段时间内销售的书籍约200种，杂志40余种，日报数种。大部分是随到随售完，远不足以满足买书人的需要。于是，书社便想方设法节省开支，积累资金，扩大营业。到1921年3月，书社与全国60余家书报社和文化团体建立了密切的联系，书社经营范围逐渐扩大，经营的书籍种类也越来越多。由于业务量增大，书社原有的两名营业员工作已很紧张，何叔衡又将在衡阳驱张时发现的积极分子夏明翰介绍到书社工作。同时，为了方便购书人，书社除在长沙设总社外，还在平江、浏西、武冈、宝庆、衡阳、宁乡、溆浦先后设立了分社；还在第一师范学校、第一师范附属小学、楚怡学校、修业学校等学校相继成立了贩卖部。经营分社和贩卖部的人员，大部分是新民学会会员。其中，楚怡学校贩卖部是何叔衡负责设立的；宁乡文化书社分社是何叔衡与好友姜梦周于1921年3月27日建立的。

在毛泽东、何叔衡等人的共同努力下，文化书社办得卓有成效。购书人频繁往来，开始时以学生和教育界居多。1921年初，毛泽东和长沙的工人发生联系后，有许多工人也来买书刊。据《文化书社社务报告》第二期对书社经营的统计，自书社开始营业起，到1921年3月底，7个月之内销售200本以上和100本左右的书有《马克思资本论入门》《社会主义史》《新俄国之研究》《劳农政府与中国》《杜威五大讲演》《社会与教育》《克鲁泡特金的思想》《托尔斯泰传》《试验论理学》《白话书信》《尝试集》以及《晨报小说》第一辑等。销售最多的杂志是《劳动界》（5000本）、《新生活（半月刊）》（2400本）、《新青年》（2000本）及《新潮》《新教育》等，还有《时事新报》，北京《晨报》，每天也销售40余份。

由于何叔衡与毛泽东等人创办文化书社的目的不是为赚钱，而是为了传播新文化、新思想，传播马克思主义，因此书社不仅设法推销新书，而且还努力引导读者学习和研究新思想。书社每到一批新书报刊，必在报纸上的显要位置刊登广告，介绍期刊目录和书的主要内容。他们还经常向读者发送一些类似传单的宣传材料，如：《文化书社敬告买这本书的先生》和《读书会的商榷》等，随书附送。这些传单，有的告诉读者书社所卖的书刊中哪些是重要的，有的希望读者向自己周围的人介绍书刊。为了使无钱买书的工农和市民群众也有机会看书，书社还在社内设立了书报阅览处，陈列各种书报，供大家阅览。经过书社人员的辛勤工作，文化书社自成立到1927年5月马日事变中被许克祥封闭，在近七年的时间里，通过种种途径，使进步书刊在广大工农群众中大量推销并广为阅读。在向湖南全省广泛传播马克思主义和新文化方面起了极为重要的作用。正如书社经理易礼容后来所总结的，文化书社的任务和作用有以下几方面：第一，尽最大的可能迅速地、全面地搜集国内外新文化书籍、杂志和报纸，并把它送到湖南一部分群众，尤其是学生、工人的手里，使他们逐渐明了中国和世界的革命形势。文化书社适时地起着传播新思想，帮助群众前进的作用。当时，往往一种新书、一种杂志、一份报纸可以影响和启发若干人。文化书社曾发卖过一种三个铜板一份的新刊物，许多学生、工人常准确按出版日期，一星期、一个月、一年至几年，一次、十次、百次至几百次，持续不断地来书社购买这刊物，他们对精神食粮的需求是多么如饥似渴呵！第二，文化书社对于团结社会各界，争取他们对革命事业的同情和支持，起了重要作用。第三，建党初期，文化书社是党在国内外的秘密联络机关。自文化书社成立后，新民学会和筹建党团的活动大多在这里进行，日常联系和来信来访均由书社接转，张太雷陪同共产国际代表到达长沙也是由书社引见毛泽东的[①]。因此，文化书社的建立，使湖南省广大知识青年、工人和各界进步人士，获得了宣传马克思主义和新文化、新思想的书刊，启发了他们的觉悟，提高了他们的认识，鼓舞了他们的革命热情。据《劳动界》第19期报道：华昌炼锑公司一位工人看了《劳动者》后，懂得了工人受苦的原因，增强了反抗的勇气。1921年2月25日的长沙《大公报》报道：造币厂一位机械工人遭受厂方开除，连声呼唤："马克思呀！你到我们中国来吗？这种十重地狱里面的日子实在难过呢。"文化书社达到了"愿以最迅速、最简便的方法，介绍中外各种最新书报杂志，以充青年及全体湖南

---

① 易礼容：《毛泽东创办长沙文化书社》，中国革命博物馆、湖南省博物馆编：《新民学会资料》，人民出版社1980年版，第526—527页。

人新研究的材料"的目的。

在创办文化书社的同时，何叔衡还和毛泽东、彭璜等联合教育界、新闻界进步人士，组织了俄罗斯研究会。1920年8月22日，长沙《大公报》发表消息：姜济寰（长沙县知事）、易培基、方维夏、何叔衡等，"以俄国事情急待研究，拟发起俄罗斯研究会，定于本日（星期日）午后三时，约集各机关关心外政之人，商议一切进行方法，假长沙县知事公署为会场"。会议准时开始，何叔衡等20多个发起人参加了会议。会议首先介绍了当时了解到的十月革命后俄国的情况，以及列宁领导下的劳农政府对华的新政策。指出中国和俄国接壤数千里，关系素来密切，劳农政府既有这样前无千古的大变，我们有研究他们内情的必要。俄国的文化，我们也要研究，所以发起这个研究会。何叔衡在会上宣读了简章。简章明确指出："本会以研究俄罗斯一切事情为宗旨。""本会会务：一、研究有得后，发行俄罗斯丛刊；二、派人赴俄实地调查；三、提倡留俄勤工俭学"。会议推举何叔衡、毛泽东、彭璜、包道平为筹备员，从事筹备工作。推举姜咏洪为总干事。他们都是新民学会的骨干。经过一段时间的筹备，9月16日，俄罗斯研究会在文化书社召开成立会。与会者一致认为："研究俄国学术精神及其事情有十分必要；一班脑筋成（陈）腐之人盲目反对是不中用的。"① 会议公推姜济寰为总务干事，毛泽东为书记干事，彭璜为会计干事并驻会接洽一切。会议决定派张丕宗赴京再转赴俄国；郭开第在船山学社办俄文班。同时决定，除会员个人进行研究外，每星期六和星期日下午可自愿到文化书社会所集体讨论。并于每年春秋开大会两次，遇有熟悉俄事之学者到湖南则召开临时演讲会。并集中个人和集体的研究成果，发行《俄罗斯丛刊》。俄罗斯研究会正式成立。

俄罗斯研究会成立后，在宣传马克思主义，介绍俄国革命经验方面，

---

① 《湖南之俄罗斯研究会》，上海《民国日报》1920年9月23日。

做了许多有益的工作。他们经常在长沙《大公报》上发表一些介绍俄国国内政治、经济等情况的文章。彭璜发表的《对于发起俄罗斯研究会的感言》一文，热情赞颂俄罗斯革命的意义以及研究俄罗斯的重要性。经毛泽东推荐，长沙《大公报》还连续转载上海《共产党》月刊上的一批重要文章，如《俄国共产党的历史》《列宁的历史》《劳农制度研究》等，在青年中产生了广泛影响。研究会还经常介绍一些进步青年赴俄学习。早在留法勤工俭学期间，何叔衡就有留法之意，后接到毛泽东从北京的来信，信中“劝他不必留法,不如留俄”[①]。何叔衡便放弃留法。这次赴俄何叔衡又没有去成，是因为他接到蔡和森从法国写给毛泽东的信，信中提出“叔衡似永不可离湘,去俄不如留湘之重要”[②]的意见。于是何叔衡又一次放弃原计划，致力于组织其他进步青年赴俄留学。任弼时、萧劲光、周昭秋、胡士廉、任岳、陈启沃六人，就是通过长沙俄罗斯研究会的介绍，由长沙去上海，而后到莫斯科东方劳动者共产主义大学学习的。该会还根据许多进步青年的要求，仿效留法勤工俭学预备班的办法，在长沙开办俄文班，聘请在上海的俄国人来长沙教授俄语。俄罗斯研究会为推动湖南人民研究俄国革命经验，宣传马克思主义起了重大作用。

为了宣传马克思主义，何叔衡与毛泽东经常组织一批新民学会中的积极分子在一师附小、一师校友会或文化书社集会，学习和讨论马克思主义。经常参加活动的有彭璜、陈昌、熊瑾玎、郭亮、夏曦、萧述凡、易礼容等人。他们在一起互相交流学习体会，直率陈述自己的意见，有时还展开热烈的辩论。1920 年 10 月，杜威、罗素以及张东荪等先后来长沙讲学，他们歪曲马克思主义，反对俄国革命，宣传资产阶级的改良主义。他们的谬论在社会上，甚至在新民学会内部也引起了不同的反响和激烈的争论。对

① 1920 年 2 月毛泽东致陶毅信，中共中央文献研究室、中共湖南省委《毛泽东早期文稿》编辑组编：《毛泽东早期文稿》，湖南出版社 1990 年版，第 466 页。

② 转引自姜国仁、张生力：《四髯合传》，湖南人民出版社 1984 年版，第 28 页。

此，何叔衡与毛泽东等人旗帜鲜明地反对罗素、张东荪等人的改良主义观点，坚决维护马克思主义的革命原则。

为了明确新民学会的方向，何叔衡与毛泽东等商议，决定召集在长沙的会员于1921年1月1日至3日召开新年大会。这是新民学会的一次极为重要的聚会，为了使会员预先有准备，何叔衡与毛泽东等以学会名义事先发出通告，提出会上将要讨论的14个问题，并要求会员"拨冗到会，风雨无阻"。三天的会议均由何叔衡主持。

元旦这天，瑞雪纷飞。何叔衡同毛泽东、彭璜、周世钊、熊瑾玎、陶毅、陈书农、易礼容等10余人，冒雪聚集到文化书社，据邹蕴真回忆：

> 我接通知后，便于元旦那天早饭后，一人徒步来到潮宗街文化书社。书社是租佃旧公馆的一部分，坐北朝南，前面一道高墙，中间开个黑漆大门，进门是个方砖铺成的空坪，空坪北面有一长排房屋，靠东的两间木房，就是书社作为营业处承租的铺面。空坪东边靠近营业处前面，有个长方形厅堂，里面放着一张长方桌和一些小方凳，就是我们开会的会场。开会期间，天气阴沉寒冷，时飞小雪，但到会的仍踊跃，无中间缺席者①。

上午10时，何叔衡宣布新年大会开始。会议主要讨论了三个问题：第一，新民学会应以什么作共同目的？第二，达到目的需采用什么方法？第三，方法进行即刻如何着手？关于这三个问题，留法的新民学会会员蔡和森、萧子升等人，已于1920年7月6日至10日在法国蒙达尼召开会议，进行了充分的讨论。会后，蔡和森、萧子升等将他们争论的情况写信告诉毛泽东等人，征求国内会员的意见。因此，在这次会议上，毛泽东首先介绍了巴黎会友对于上述问题讨论的结果：对于第一个问题，主张以"改造中国与世界"为共同目的；对于第二个问题，一部分会员主张用急进方法，

---

① 邹蕴真：《新民学会成立会和一九二一年新年会议概况》，中国革命博物馆、湖南省博物馆编：《新民学会资料》，人民出版社1980年版，第545页。

一部分则主张用缓进方法；对于第三个问题，一部分会员主张组织共产党，一部分会员主张实行工学主义及教育改造。毛泽东讲完后，紧接着大家开始讨论。

关于第一个问题，熊瑾玎认为："目的之为改造中国与世界，新民学会素来即抱这种主张，已不必多讨论了。"毛泽东不以为然，说：第一个问题"还有讨论的必要，因为现在国中对于社会问题的解决，显然有两派主张：一派主张改造，一派则主张改良。前者如陈独秀诸人，后者如梁启超张东荪诸人"。在改造意见一致之后，对于改造范围，出现了"改造世界""改造东亚"与"改造中国与世界"等几种意见。彭璜认为改造世界太宽泛，主张改造东亚。毛泽东则主张改造中国与世界。他说："中国问题本来是世界的问题；然从事中国改造不着眼及于世界改造，则所改造必为狭义，必妨碍世界。至于方法，启民（即陈书农）主用俄式，我极赞成，因俄式系诸路皆走不通了新发明的一条路，只此方法较之别的改造方法所含可能的性质为多。"这个问题，当日没有结果。

第二天，会议继续讨论第一个问题。何叔衡认为，学会共同目的应为"改造世界"。毛泽东认为，应为"改造中国与世界"。李承德则主张用"促使社会进化"。何叔衡请大家表决，结果主张"改造中国与世界"的有十人；主张"改造世界"的五人；主张"促使社会进化"的二人；不作表决的二人。实际上"改造中国与世界"和"改造世界"只是文字上稍有差异，其实质是一致的。

接着，讨论第二个问题，即达到目的需采用什么方法？首先由毛泽东报告巴黎方面蔡和森的提议。他说："世界解决社会问题的方法大概有下列几种：1. 社会政策；2. 社会民主主义；3. 激烈方法的共产主义（列宁的主义）；4. 温和方法的共产主义（罗素的主义）；5. 无政府主义。"开始讨论后，何叔衡首先发言，表示他"主张过激主义。一次的扰乱，抵得二十年的教育，我深信这些话"。紧接着毛泽东发言同意他的意见，并对诸如所谓社会政策、社会民主主义、无政府主义及温和方法的共产主义等进行了深刻的剖析。同时指出："急〔激〕烈方法的共产主义，即所谓劳农主义，用阶级专政的方法，是可以预计效果的。故最宜采用。"[①] 参加当日会议的17人，依次发言后，何叔衡主持表决，结果同意何叔衡和毛泽东意见，赞成布尔什维克主义的有12人；赞成社会民主主义的有2人；赞成温和方法的共产主义的有1人。

第三天，会议讨论第三个问题，"方法进行即刻如何着手"。何叔衡第一个发言，他说："一方面成就自己，多研究；一方面注重传播，从劳动者及兵士入手。将武人政客财阀之腐败专利情形，尽情宣布；鼓吹劳工神圣，促进冲突暴动。次则多与俄人联络。"随后大家踊跃发言：陈启民说："遇有机会，宜促使实现，故有组党之必要，所以厚植其根基"；熊瑾玎说："事实上有组党之必要。多联络，不惜大牺牲，事先宜厚筹经济"；彭荫柏（彭璜）说："组党〔织〕劳动党有必要，因少数人做大事，终难望成。份子越多做事越易。社会主义青年团，颇有精神，可资提挈"；陈子博说："组党分都市、乡村两方面"；易阅灰（易克穊）说："社会主义青年团可资取法"；易礼容说："宣传组织宜一贯，即组织，即宣传；即宣传，即组织。要造成过激派万人，从各地传布。"许多人在发言中认为，在宣传教育方面要着眼于社会下层，要通过深入劳动界，办工人夜学、秘密讲演，到饭铺、茶店等劳动者最常出入的地方进行宣传等方法，广泛发动劳动群众，使之觉悟。然后寻找"真同志"，组织革命团体。毛泽东发言说："诸君所举各种着手办法：研究，组织，宣传，联络，经费，事业，我都赞成。惟研究底下，须增'修养'。联络可称'联络同志'，因非同志，不论个人或团体，均属无益。筹措经费可先由会友组织储蓄会。我们须做几种基本事业：学校，菜园，通俗报，讲演团，印刷局，编译社，均可办。

---

① 《新民学会会务报告》（第二号），中国革命博物馆、湖南省博物馆编：《新民学会资料》，人民出版社1980年版，第23页。

文化书社最经济有效，望大家设法推广。"

最后，何叔衡综合各人所述着手方法：1. 研究及修养：A. 主义；B. 各项学术。2. 组织：组织社会主义青年团。3. 宣传：A. 教育；B. 报及小册；C. 演说。4. 联络同志。5. 基本金：组织储蓄会。6. 基本事业：A. 学校（又夜学）；B. 推广文化书社；C. 印刷局；D. 编辑社；E. 通俗报；F. 讲演团；G. 菜园。会议一致通过六项着手办法。三个重要问题逐一讨论完毕，同时提出了组党组团的愿望，由此可见，新民学会确实起到了党组织的前身的作用。

在三天的新年大会中，还讨论了学会本身及会友个人应采取什么态度，会友如何研究学术问题及会友的室家问题等等。在讨论"会友如何研究学术"问题时，何叔衡主张"每月聚会一次，研究有得的可来谈，其余的可来听"。由于时间仓促，关于"会友个人的进行计划""会友个人的生活方法"以及"个性之介绍及批评"三个问题，会议定于 1 月召开常会时讨论。

在新年大会召开时，1 月 1 日，何叔衡与毛泽东等将当时在《湖南通俗报》任主编的谢觉哉介绍加入了新民学会。于是，谢觉哉参加了后两日的讨论。他在 1 月 3 日的日记中写道："连日新民学会开会，关于主义争辩甚厉。……同一学会，则以奉同一主义为宜。"①

1 月 16 日，新民学会会员在文化书社召开常会，到会者 21 人。何叔衡仍为会议主席，会议继续讨论新年大会未决的问题。在讨论"会友个人的进行计划"时，何叔衡说："我的计划狭小，将来仍当小学教员。想在我的本乡办一学校。在三年以内要往国内各地调查一次。同时不忘看书研究。从前想学外国文，但现觉年纪大了，不能学好。然还想学习日本文，以能看日本书为主。做事从最小范围起。"当谈到"会友个人的生活方法"

---

① 《谢觉哉日记》上册，人民出版社 1984 年版，第 26、27 页。

时，何叔衡发言说："自身个人的生活很简单，容易解决。惟须兼筹子女的教育费。自己拟作教育上的事业，期得到低额的报酬，以资生活。至于别的不正当的发财法子，无论如何，不愿意干。"他还说："朋友会面，宜多批评。至生活的切实方法，还须大加研究。"① 最后，何叔衡提议："想一个公众的生产方法，谓刚才有人提议办印刷局，我以为可以商议进行。"

长沙的新民学会会员在何叔衡、毛泽东等人的组织下，连续召开会议。进行深入讨论，明确了新民学会的方向以及当时所要着手进行的工作，这时的新民学会已是把布尔什维克主义作为根本指导思想，从组织上着手建党建国，以注重发动和组织劳农为工作重点。这些重大决策，说明新民学会已由最初的一个小资产阶级知识分子的改良主义、空想社会主义的团体，转变成为一个以科学社会主义为宗旨和目标的信仰马克思主义的革命团体。何叔衡在会上的多次发言，也表达了他对马克思主义的坚定信仰。因此，在这一时期，何叔衡为在湖南广泛宣传马克思主义做了大量的工作。

积极参与改造湖南

随着驱张运动的胜利结束，湖南人民自治运动又掀起高潮。这是毛泽东、何叔衡、彭璜等组织领导的向湖南新的统治者谭延闿、赵恒惕展开的一场新的斗争，是为揭露谭、赵打着"湘省自治""湘人治湘"的旗号，继续维护其军阀统治的欺骗政策，争取真正的湖南人自己治理湖南权利的一场斗争，也是改造湖南的一次尝试。

这场运动的酝酿是在 1920 年春，驱张运动初露胜利曙光时开始的。

---

① 《新民学会会务报告》（第二号），中国革命博物馆、湖南省博物馆编：《新民学会资料》，人民出版社 1980 年版，第 31、37、40 页。

当时，毛泽东、何叔衡、彭璜等新民学会会员，就驱张以后，如何促进湖南政局朝着有利于人民的方向发展以及怎样建设湖南问题展开了讨论。由于毛泽东在北京，何叔衡在衡阳，彭璜在上海，因此他们的商讨是借助于信函进行的。他们认为，湖南问题同全国问题一样，应当依靠人民的力量求得一个根本的解决。但是用什么样的方法和步骤达到"根本解决"的目的，尚无统一的意见。

3月，彭璜等在上海组织了"湖南改造促成会"，其主要成员有毛泽东、何叔衡、彭璜等一些新民学会会员，它是一个为筹划驱除张敬尧后改造湖南大计的群众性政治团体。该会成立后，草拟了《湖南建设问题条件商榷》。该文件内容涉及军政、财政、教育经费、自治及保障人民各种权利等。5月初，毛泽东到达上海后，即同彭璜等共同研究湖南建设问题，并在《天问》第十六号上发表了《湖南人民自决宣言》，以表明他们对当时中国政治和如何解决中国问题的根本看法。《宣言》说："时到今日，吾等乃翻然觉悟，知道'湖南者，现在及将来住在湖南地域营正当职业之人之湖南也'。湖南的事，应由全体湖南人民自决之。赞助此自决者，湖南人之友。障碍此自决者，湖南人之仇。吾湖南人唯一无二之希望与责任，即在恢复自由，不能不求全国同胞热肠志士大大的表予同情。"

6月14日，《湖南改造促成会发起宣言》在《申报》上正式发表。《宣言》指出："然吾人尚未可遽作乐观也。何则？一张敬尧去，百张敬尧方环伺欲来。至其时，无论吾人方不胜其驱除之苦，而'朝三暮四'、'虎头蛇尾'、'换汤不换药'，亦何如是之智短耶！湖南自入民国，三被兵灾，遭难最多，牺牲特大。推原事始，无非'督军'恶制，为之祸根。督军一日不除，湖南乱象一日不止。无论当局者属南属北，抑其人为恶为良，由今之道，无变今之俗，湘局之无望治安，早已成不移之铁案。……现今国内问题，为种种特殊势力所牵掣，有不能遽为全盘解决之势。求之实际可循途径，还在有一个地方之群众为之先倡。同人之愚，以为欲建设一理想的湖南，唯有从'根本改造'下手，而先提出一最低限度且应乎时事要求之条件，合省内外湘人之公意，铲除一切私见私利。持此宗旨，为一种合理的继续的群众运动，不达不止。……吾人对于湘事，以'去张'为第一步，以'张去如此〈何〉建设'为第二步。今特将军务、财政、教育、自治、人民自由权利、交通各大端，列成条件，征求各地湘人公意。（指《湖南建设问题条件商榷》——引者注）。此种条件之精神，以'推倒武力'及'实行民治'为两大纲领；以废督、裁兵为达到'推倒武力'之目的；以银行民办，教育独立，自治建设及保障人民权利，便利交通，达到'实行民治'之目的。吾人宜不顾一切阻碍，持其所信，向前奋斗。盖历史上世界各国民权、人权之取得，未有不从积极之奋斗与运动而来者也。"

7月，毛泽东回到长沙后，"湖南改造促成会"也已由上海迁到长沙，并且扩大了组织，许多教育界、新闻界人士积极加入到这个组织中。为了发动群众，抓紧时机，促进湖南人民自治运动的开展，毛泽东、何叔衡、彭璜召集"湖南改造促成会"主要成员开会，共同研究当时形势。并于7月6日、7日在长沙《大公报》上发表了《湖南改造促成会对于"湖南改造"之主张》一文。该文是由毛泽东起草的①。《主张》一开始就指出："湘事糟透，皆由于人民之多数不能自觉，不能奋起主张，有话不说，有意不伸。南北武人，乃得乘隙陵〔凌〕侮。据湖南为地盘，括民财归己橐。往事我们不说，今后要义，消极方面，莫如废督裁兵；积极方面，莫如建设民治。""吾人主张'湘人自决主义'，其意义并非部落主义，又非割据主义，乃以在湖南一块地域之文明，湖南人应自负其创造之责任，不敢辞亦不能辞。与湖南文明之创造为对敌者，军阀也，湘粤桂巡阅使也，湘鄂巡阅使也，护国军靖国军征南军也。是等之敌对者一律退出于湖南境地以外，永无再入湖南境内与湖南人对敌。湖南人得从容发展其本性，创造其文明，

---

① 此文曾于1920年6月28日分别在上海《申报》和《民国日报》上发表。当时是以湖南改造促成会名义写给老同盟会员、上海报人曾毅的一封回信。这次再次发表，标题作了改动。

此吾人所谓湘人自决主义也。"《主张》最后向新的统治者谭延闿、赵恒惕提出要求，文中说："谭组庵（谭延闿的号——引者注）、赵炎午（赵恒惕的号——引者注）诸驱张将士，劳苦功高，乡邦英俊。此后希望其注意者，第一能遵守自决主义，不引虎入室。已入室将入室之虎又能正式拒而去之。第二能遵守民治主义，自认为平民之一，干净洗脱其丘八气官僚气绅士气。往后举措，一以三千万平民之公意为从违。最重要者，废督裁兵，钱不浪用，教育力图普及，三千万人都有言论出版集会结社之自由，此同人最大之希望也。"① 这一《主张》的发表，既表达了"湖南改造促成会"号召长期以来深受北洋军阀蹂躏的湖南人民赶快觉醒的愿望，又是号召实行湖南人民自治的宣言。

《主张》发表后，引起了社会各界的重视，于是街头巷尾，茶馆酒店，乃至各家各户，都谈论自治问题。这时自任省长的湘军头目谭延闿也不得不作出一种姿态。7 月 22 日，谭延闿向全国发出"祃电"，表示将顺应民情，实行"湖南自治""还政于民"，并且废除督军制，确立地方政府。电文说：以"民国之实际，纯在民治之实行，民治之实际，尤在各省人民组织地方政府。……闿因全体人民久罹锋镝，艰困备尝，欲为桑梓久安之谋，须有根本建设之计，爰本湘民公意，决定参合国会讨议之地方制度，采用民选省长及参事制。……"② 谭延闿作出的这种开明姿态，实际上是为了笼络人心，装点门面，以维护他还没有完全巩固的军阀统治，抵制北洋军阀政府的再度干预。

谭延闿的"祃电"发出后，长期遭受北洋军阀迫害的湖南各界，一时对谭的诺言寄予很大希望。于是，各界人士纷纷发表主张，提倡"民治主义""湖南自治"。当时，关于"自治运动"的文章，长沙各家报纸每天刊登的少则一两篇，多则三四篇。各界认为"驱张"后确是实行湖南自治

---

① 中国革命博物馆、湖南省博物馆编：《新民学会资料》，人民出版社1980年版，第231—233页。
② 长沙《大公报》1920 年 8 月 16 日。

"千载难逢"的时机，但是如何实现自治，却是众说纷纭。在北京、天津的湖南名流熊希龄和范源濂等积极主张"联省自治"。他们把拟定的《湖南省自治法及自治法大纲说明书》寄给谭延闿，"以供采择"。并告谭延闿："此举宜于南北未统一以前办成，且须经过全省人民总投票，基碍（础）方能稳固，湘省能行，各省自可响应。然后联省立国，可以刷新，不致为中央（指北京政府）权奸所把持，湘亦可免南北之战场。成败利钝，在此一举，望即联合同志，鼎力促成。"[①] 于是，"联省自治"之说成为当时最时髦的政治口号，湖南官僚政客们便开始了"自治"和"制宪活动"。

在这种纷繁复杂的形势下，为了掌握时机，开展广泛的民主运动，将社会上出现的各种主张和活动引入正确轨道，从而揭露谭延闿、赵恒惕蒙蔽群众的骗局，毛泽东在长沙《大公报》上连续发表文章。9月3日发表《湖南建设问题的根本问题——湖南共和国》；9月5日发表《打破没有基础的大中国建设许多的中国从湖南做起》；9月6日和7日发表《绝对赞成"湖南们罗主义"》和《湖南受中国之累以历史及现状证明之》。毛泽东在这几篇文章中系统阐述了湖南的根本问题在如何实现湖南人民真正的自主，提出了建立湖南国的主张。

关于湖南自治问题在社会上展开讨论后，尤其是毛泽东提出建立湖南国的设想后，更加引起谭延闿的极大恐慌，这是由于人民要求自治的呼声已超出他所能控制的范围。于是，他急忙在"湘人治湘"和"湖南自治"的招牌下，于9月13日以"私人名义"召集官绅"自治会议"，讨论自治问题。会议决定由省政府10人和旧省议会11人共同起草《湖南自治法》，企图包办制宪。省议会立即以"民意"机关自居，组织了"自治研究会"，准备起草宪法，控制自治权。9月23日，谭延闿又决定由省议会首先制定一个《宪法会议组织法》，然后根据这个《组织法》再行召集"制宪会议"，

----

① 长沙《大公报》1920年8月29日。

制定省宪法。本来谭延闿召开的"自治会议"是秘密进行的，他唯恐公开后人民群众对上述决定表示不满。但是，谭延闿召开的官绅"自治会议"作出的决定，还是被报界获悉而公布于众。于是，由官办制宪的决定立即遭到人民群众的抗议，大家一致呼吁，"私人会议，绝对不发生丝毫效力"。在群众的坚决抵制下，谭延闿准备召开的第二次"自治会议"被迫取消，但是起草宪法的权利仍然留给省议会。

在这种情况下，毛泽东又连续在《大公报》上发表文章，进一步强调湖南需要的是真正的人民自治。他在9月26日发表的《"湖南自治运动"应该发起了》一文中指出，现在是进行湖南自治运动的最好时机，现在官与民都起来了，大家都要搞自治，但真正的自治，只能由"民"来发起。在9月30日发表的《"湘人治湘"与"湘人自治"》一文中，毛泽东坚决反对谭延闿"湘人治湘"的主张。他说："湘人治湘"是对"非湘人治湘"而言，仍是一种官治，不是民治。"因为这一句话，含了不少的恶意，把少数特殊人做治者，把一般平民做被治者，把治者做主人，把被治者做奴隶。"同时明确表示："我们所主张所欢迎的，只在'湘人自治'一语。不仅不愿被外省人来治，并且不愿被本省的少数特殊人来治。我们主张组织完全的乡自治，完全的县自治，和完全的省自治。乡长民选，县长民选，省长民选，自己选出同辈中靠得住的人去执行公役。这才叫做'湘人自治'。"毛泽东这时发表的一系列文章，一方面充分揭露谭延闿、赵恒惕叫嚷要"湖南自治"的假面目，一方面为开展湖南人民自治运动作了充分的舆论准备。于是，湖南各界各阶层都行动起来了，湖南人民自治运动轰轰烈烈地开展起来了。

但是，《湖南自治法》应该由谁来起草呢？这又是一个众说纷纭的问题。有的主张应由长沙市民大会起草；有的主张应由省政府、省议会再加上教、工、农、商等公法团体和学生联合会、报界联合会等共同起草；有的主张由个人动议，联名起草。毛泽东、何叔衡、龙兼公、朱剑凡和教育

界、新闻界、商业界以及工人、学生等反对谭延闿为首的省政府包办，但主张由谭延闿的"革命政府"召集湖南人民宪法会议制定省宪法。10月5日，长沙各报刊登了由毛泽东、何叔衡、彭璜、龙兼公、朱剑凡等377人签名的《由"湖南革命政府"召集"湖南人民宪法会议"制定"湖南宪法"以建设"新湖南"之建议》。这个文件利用谭延闿原来所作的开明姿态，承认谭延闿为首的省政府是"革命政府"，因而要求由这个"革命政府"召集湖南人民宪法会议。但是人民宪法会议的代表应是由直接的平等的普遍的选举产生，每5万人中选出代表1人。同时指出："我们只承认革命政府有召集宪法会议之权，决不承认其有起草宪法之权。"宪法起草、议决与公布权应属于"宪法会议"。最后根据宪法，产生湖南的正式议会和省县区乡自治政府。

为了推进自治运动向前发展，新民学会会员和湖南学生联合会做了大量工作。10月6日，由彭璜任主席的省学联发出致各团体的信，请各团体选派代表于10月7日在省教育会开会，讨论自治运动。并拟定双十节举行市民游行请愿大会，"一以警告政府，二以唤醒同胞，庶几人民宪法会议早日实现"。7日，各界代表60余人参加了学联召集的会议。会议着重商讨了"双十节"举行市民游行请愿事宜，并公推毛泽东和龙兼公为《请愿书》起草员。同时决定由报界联合会、学生联合会、商会、工会、教育会五团体，各推举一名筹备员，加紧游行的准备工作。

10月8日，毛泽东、何叔衡等200余名代表在省教育会幻灯场开会，讨论自治运动进行方法。毛泽东担任大会主席。他宣布本次会议主要内容是"拟定进行办法及表决选举法及组织法要点"。湖南人民宪法会议选举法要点为：（一）用直接选举法。（二）用普通选举制。选举人及被选举人均无财产纳税额及男女职业限制。（三）凡有下列情事之一者不得选举权及被选举权。1.未成年者（以十八岁为成年）。2.有精神病者。3.吃食或贩卖鸦片者。（四）现任官吏及现任军人当选为本会议代表时，当解除原职。（五）用记名报名法。（六）选举人应亲自莅场投票。（七）选举日期由革命政府决定，各县同日举行。（八）选举期限至多不得过两个月。湖南人民宪法会议组织法的要点为：（一）湖南人民宪法会议，以湖南各县人民所选举之代表组织之。（二）各县选出代表之名额，依县之大小分配，大县八名，中县六名，小县四名。（三）省会应特别选出代表。其名额与大县同。（四）代表自行集会。（五）代表制宪以三个月为限。（六）代表往来旅费由公家分别远近发给。（七）代表不给薪俸，每次出席给予出席费一元①。经过讨论，会议一致通过上述要点。会议还推选 15 名代表与省政府交涉，要求按此制定人民宪法会议条例。

10 月 10 日，何叔衡参加了省城各界举行的万人请愿游行。那天，大旗前导，乐队随行，旌旗猎猎，鼓角喧天。每人胸佩白绫徽章，手执写有标语的白布小旗，秩序井然，极为壮观。虽然天下着雨，但群众情绪一直很高，工界同胞都是短衣赤足，戴笠游行，尤足表现劳动界的精神②。队伍浩浩荡荡向督军署前进。人们沿途高呼"打倒旧势力""解散旧省议会""湖南自治""建设新湖南"的口号，散发了 20 余万份传单，要求省政府立即召开人民宪法会议，实现真正的人民自治。游行队伍到达督军署后，彭璜等代表向谭延闿递交了《请愿书》，谭延闿当即表示"允纳人民意见"。但是，当游行队伍行经旧省议会时，愤怒的群众振臂高呼"解散旧省议会"的口号，同时出于对旧省议会的义愤，有人当场将省议会的旗帜扯下，还摘掉了对联和匾额。此事触怒了谭延闿，他立即撕下了自己的伪装，露出了与人民为敌的面目，向市民发出了威胁的布告。布告说："切勿轻信游词，盲从暴行，远则危及大局，近则危及一身。"于是，他全然不顾人民群众在《请愿书》上提出的要求由人民制定宪法，政府不得包办，官吏与

---

① 中共中央文献研究室、中共湖南省委《毛泽东早期文稿》编辑组编：《毛泽东早期文稿》，湖南出版社 1990 年版，第 698—699 页。
② 《市民自治运动大会纪盛》，《湖南通俗报》1920 年 10 月 12 日。

军人不能为制宪代表，湖南将实行民治主义和社会主义等条件，在 10 月 12 日由他邀集的各学校校长、各报社经理及农、工、商、学、教育各会及请愿代表召开的会议上，仍然表示决定照公民请愿建议办法，由各公团选举代表，会同起草组织法，但省议会亦得为法团之一，要各界考虑。当时，到会者除一人赞同外，全体表示反对。10 月 21 日，谭延闿又利用"自治期成会""湖南湘西善后协会"等御用团体邀集长沙各公团及制宪请愿代表开联席会议，仍然决定由旧省议会起草《湖南人民宪法会议组织法》。谭延闿的一系列官办制宪活动再一次遭到了群众的坚决反对。

11 月 7 日，毛泽东、何叔衡、彭璜领导新民学会等团体举行长沙各界庆祝俄国十月革命三周年大会和示威游行，受到赵恒惕的压制和破坏。毛泽东曾回忆说：

> 这次示威游行遭到警察镇压。有些示威者试图在会场上升起红旗，但是遭到警察的禁止。示威者们当即指出，根据（当时的）宪法第十二条，人民有集会、结社和言论自由的权利，警察不听，并且回答说，他们不是来听宪法课，而是来执行省长赵恒惕的命令的。在这以后，我越来越相信只有通过群众的行动确立起来的群众政治权力，才能保证有力的改革的实现[1]。

这时，新民学会会员已退出了湖南自治运动。"湖南自治"完全落入了"官治"。毛泽东、何叔衡、彭璜等人为开展湖南人民自治运动所作出的努力虽然没有成功，但这是新民学会会员用人民民主制宪的方法改造湖南的一次尝试。在这次运动中，毛泽东和何叔衡等人提出的一些改造湖南、建设湖南的设想，尽管在当时的形势下是不可能做到的，但反映了他们对当时社会的认识和要求改变现状的决心，特别是他们为争取人民自治的权利而作出的努力在人民群众中的影响很大。1920 年 11 月 25 日，毛泽东在

---

[1]《毛泽东一九三六年同斯诺的谈话》，人民出版社 1979 年版，第 38—39 页。

《致向警予信》中写道：湖南"政治界暮气巳〈已〉深，腐败已甚，政治改良一涂［途］，可谓绝无希望。吾人惟有不理一切，另辟道路，另造环境一法"①。毛泽东的这些话，代表了何叔衡、彭璜等新民学会会员对当时社会的认识。

在这一时期，何叔衡为改造湖南革新了《湖南通俗报》，使它成为宣传人民，鼓舞人民斗志，传播新思想、新文化的一块阵地。

《湖南通俗报》是湖南通俗教育书报编辑所出版发行的一张四开小报。它的前身是1911年辛亥革命后由都督府演说科主办的《演说报》，1914年改为《通俗教育报》，1920年又改为《湖南通俗报》。这张几经易名的报纸，是省政府在当时为粉饰门面，表示关心民众教育而办的。由于办报人没有明确的目的和方针，因此报纸的内容基本上是一些政府文告和空洞无物的演说、评论，以及从大报上剪贴摘抄的消息和文章等等。报纸从内容到形式均不受广大群众的欢迎，每天发行的份数很少，读者不多。1920年"驱张"运动胜利后，何叔衡即被湖南省通俗教育委员会派充为湖南通俗教育书报编辑所所长（该所后改为湖南通俗教育馆）。于是，他决心大刀阔斧地改造《湖南通俗报》，使它成为提高人民思想觉悟的有力工具。

要革新这张报纸，首先从何处着手呢？何叔衡认为重要的是建立一个强有力的编报班子。由谁来主编呢？何叔衡想到了他的好友，当时正在云山学校任教的谢觉哉。何叔衡认为：谢觉哉虽然没有办报经验，但是文学根底深，又关心时事，善于学习，于是给他发了一封邀请信。8月31日，谢觉哉离开云山学校，来到通俗教育书报编辑所。何叔衡经过一段时间的组织筹备，新的编报班子组成了。谢觉哉为《湖南通俗报》的主编，熊瑾玎为经理，周世钊、邹蕴真为编辑。当时，他们中间只有谢觉哉不是新民学会会员。据周世钊后来回忆：

---

① 中共中央文献研究室、中共湖南省委《毛泽东早期文稿》编辑组编：《毛泽东早期文稿》，湖南出版社1990年版，第548页。

他（指何叔衡——引者注）邀到馆担任经理和编辑的人如谢觉哉、熊瑾玎和我，都是小学教员，全没有办报的经验。在这种情形下面，何叔衡同志和我们很自然地想到要请毛泽东同志来做指导。他的事情虽然很多，但仍挤出了不少时间替《通俗报》出主意，订计划。他出席参加了第一次编辑会议。在这次会议上，他深刻分析了当时湖南政治、社会各方面的情况之后，提出《通俗报》宣传的任务和主要内容。他说："报纸主张什么，反对什么，态度要明朗，不可含糊。"又说："《通俗报》是向一般群众进行教育的武器，文字必须浅显生动，短小精悍，尤其要根据事实说话，不可专谈空洞的大道理。"他这些主张，被参加会议的人全部接受下来，成为这一时期《通俗报》的工作纲领①。

何
叔
衡

在大家的努力下，9月12日，《湖南通俗报》以崭新的面目出现在读者面前。该报每期四开四版，一周六期。报纸设有诸多栏目：讲演、世界新闻、国内新闻、本省新闻、新智识、小批评、社会调查、琐碎话、谚语、儿歌、新字课等。各栏目内容重点突出，形式多样，文字生动活泼，简明扼要，通俗易懂。世界新闻栏注重劳动问题、殖民地问题和苏俄情况等方面的介绍；国内和本省新闻注重内战消息、自治问题、人民生活和教育问题。"谚语"栏是在旧谚语后面加上批语，以旧形式填上新内容，使群众既容易接受又从中受到教育。例如："破鼓乱人打，墙倒众人推。"下批："中国有鼓破墙倒的样子，日本便是打鼓推墙的主使的人。"再如："财主的斗，媒人的口。"下批："斗本是人家常有的，为什么要说财主的斗呢？无非是说财主贪利的心过重，大斗量进，小斗量出。口本是人人都有的，为什么单说媒人的口呢？因为旧式婚姻全凭媒人说合，做父母的也不管三七二十一，只要媒人口里说得好，就结为亲家。所以做媒人的，总是

---

① 周世钊：《湘江的怒吼——五四前后毛泽东同志在湖南的革命活动》，中国革命博物馆、湖南省博物馆编：《新民学会资料》，人民出版社1980年版，第431—432页。

一味撒谎，满口的假话。""新字课"栏主要是借字义谈政治，把识字教育与政治教育结合进行。例如："雌"字下注："少数人争'雌雄'，把小百姓弄得疲癃残疾，这有什么道理？""歹"字下注："现在的官僚、政客，多半是歹人。""儿歌"栏中，有许多是新编的。例如："牛儿瘦，马儿肥，哥哥耕田没饭吃，嫂嫂织布没衣穿。没饭吃，肚子饿。没衣穿，房里坐。朱三公子来收租，嫂嫂忙向门后躲。"还有起短评作用的"琐碎语"栏，一般只有几十个字，最长的不过一二百字。"小批评"栏从各个方面评说当时的政治、经济、社会问题，深入浅出，尖锐泼辣，道出了常人所不敢言的事情。这类文章大多出自谢觉哉之笔。其他栏目也是内容新颖，为群众所喜闻乐见。

《湖南通俗报》的编辑们还时刻注意利用报纸揭露湖南新军阀谭延闿、赵恒惕的虚伪面目及其政权的反动本质，传播新思想、新文化、新知识，使其成为宣传新民学会革命主张的进步报纸。由于毛泽东、何叔衡一度把"湖南人民自治"作为新民学会的主要活动，因而《湖南通俗报》也一度把宣传自治运动作为报纸的中心内容。根据毛泽东的意见，该报一方面揭露谭延闿的"地方自治"，实际是以此巩固自己的军阀统治，一方面大力宣传真正的民权思想，启发民智。对此，主编谢觉哉写了大量文章。他在《制定自治根本法的手续》中提出："湖南自治，是三千万人的自治，三千万人都是主人翁，没有谁强谁弱，谁智谁愚。那末，制定自治根本法，当然要三千万人大家来制定才好。否则不是全省人民的公意，怎么能做得全省自治的根本？"他在《自治是我们的权力，也是我们的义务》一文中说："我们实行自治只是从强盗手里夺回原赃，因为我们管自己的事，本是自己的权力！"① 等等。

与此同时，《湖南通俗报》还注意揭露社会上的一些丑恶现象和驳斥

---

① 转引自姜国仁、张生力:《四髯合传》，湖南人民出版社 1984 年版，第 30 页。

一些谬论。例如：1920 年 11 月 10 日刊载谢觉哉的《到底谁是过激派》一文，尖锐地指出："今人称'过激派'是指俄国的劳农政府，他们的办法是要人做工，才有饭吃，不准哪个多占些，不准哪个吃闲饭，算是最和平的政策，偏偏要喊他'过激派'！中国的军阀，天天持刀杀人，却天天在那里怕'过激派'。好多不懂世事的乡先生，并不知道'过激派'是什么一回事，也随声附和的怕起来。我看过激派并不过激，只是怕过激派的太过激了一点咧！"谢觉哉的这篇文章有力地批判了当时诬蔑苏俄的言论。

《湖南通俗报》还经常刊登有关劳工神圣，妇女解放，文学革命，民众联合，反对吃人的封建礼教，反对贪官污吏，反对军阀的文章。该报敢于说别的报纸不敢说的话，敢于提出别的报纸不敢提出的问题。它已从过去很少有人问津变为受到群众喜爱的刊物。由于报纸的质量提高，发行量急剧增加，由几百份增加到六七千份。不仅工人和市民读者一天天增多，就是原来没有看报习惯的农村也有了订户，不少中小学还把它作为课外必读之物。何叔衡曾经任教过的宁乡云山学校的学生几乎人手一份。据谢觉哉 1921 年 6 月 12 日日记记载：下午船山学社开游艺会，当场卖出《通俗报》800 多张[1]。廖沫沙对此回忆说："那时在高小学读书的学生就喜欢读何叔衡同志主办的《湖南通俗报》，因为它不仅紧扣社会生活，内容丰富，有政治、经济、文化、教育、军事、外交等各方面的要闻，而且还具有文章短小精炼、字大显目两个特点，许多群众连小孩子也被吸引住了。"[2]

《湖南通俗报》在社会上的影响日益扩大，使谭延闿、赵恒惕及地方顽固势力极为恐慌。当时宁乡的顽固派曾视之为洪水猛兽，叫喊："宁乡风气之坏，坏于何叔衡的《湖南通俗报》。"周世钊也曾回忆说：

但社会上一些思想顽固的人，说《通俗报》宣传"过激主义"。馆里

---

① 《谢觉哉日记》上册，人民出版社 1984 年版，第 48 页。

② 何实山、何实嗣：《回忆父亲何叔衡和谢老等先辈的革命友谊》，《新湘评论》1980 年第 10 期。

也有这样的人。一个赵恒惕的同乡，被我们叫做"油炸豆腐"的蒋某，常跑到赵恒惕那里说何叔衡同志的坏话。他说："何胡子专听毛泽东的主张，尽用新民学会会员做干部，这些人都是过激派，天天在报纸上对政府的措施进行冷嘲热骂……"赵恒惕的左右亲信也对赵恒惕说："政府自己办的报纸专门骂政府；本来是教育民众的通俗报，变成了宣传过激主义的刊物，真是岂有此理！"有人告诉何叔衡同志，要他提防。他说："怕什么！撤职查办也不是大不了的事情！"①

情况正如何叔衡所预料的，1921年6月11日，赵恒惕政府即以"宣传过激主义"的罪名，撤销了何叔衡通俗教育馆馆长的职务。6月15日，这张以"改造社会"为方针的《湖南通俗报》被迫停刊。6月23日，何叔衡、毛泽东、谢觉哉、萧子升、熊瑾玎在船山学社曾商议另办一报，后因毛泽东、何叔衡离开长沙，谢觉哉去一师附小任教，办报问题被搁置。

何叔衡主办《湖南通俗报》整整九个月，报纸深入人心，得到群众的好评。毛泽东也赞扬说："这一年的《通俗报》办得很不错。"②

何叔衡在通俗教育馆任馆长期间，不仅主办《湖南通俗报》，还做了许多工作。他曾利用馆长身份和馆里的经费，以通俗教育讲演所的名义，用补助薪金的办法，在全省很多县聘请了一批思想进步的小学教员充当通俗讲解员，下乡向农民读报做宣传。这一做法不但扩大了新文化的传播，而且也促进了知识分子与工农相结合，培养了干部。这些讲解员中有不少人日后走上了革命道路，成为领导农民运动的基层骨干，何叔衡在审阅《湖南通俗报》稿件中，有时发现可以培养的对象时，他便主动找作者交朋友、谈思想。《田东与佃农》的作者许抱凡，就是何叔衡通过审稿与他

① 周世钊：《湘江的怒吼——五四前后毛泽东同志在湖南的革命活动》，中国革命博物馆、湖南省博物馆编：《新民学会资料》，人民出版社1980年版，第433页。

② 周世钊：《湘江的怒吼——五四前后毛泽东同志在湖南的革命活动》，中国革命博物馆、湖南省博物馆编：《新民学会资料》，人民出版社1980年版，第433页。

交上了朋友，并经常送给他一些革命书刊看。1950年许抱凡曾回忆起这样一件令人难忘的事，说：有一次，几个女知识青年来馆问何叔衡，"妇女何时才能得自由？"何叔衡立即反问道："你们看牵到小吴门外去杀头的有没有女的？"当女青年回答"没有，尽是男的"后，何叔衡便说："如果牵去杀头的十人中有两、三个是女的时候，就是你们自由时期快到的时候。"①何叔衡用风趣的语言向她们宣传着一个革命道理，就是妇女解放要靠妇女自己起来进行斗争。何叔衡在主持馆务期间，通俗教育馆成为新民学会进行革命活动的重要联络点，毛泽东经常来馆约集会员和有关人士商谈建党问题和其他革命活动。何叔衡也经常在馆里向青年宣讲革命道理。

在这期间，何叔衡还做了一件十分有意义的事情。1921年3月14日，他同毛泽东、贺民范等28人发起成立"中韩互助社"，以支持朝鲜人民反对日本帝国主义的侵略，争取民族独立的斗争。毛泽东、何叔衡、贺民范分别担任互助社通讯、宣传和经济部的中方主任。朝鲜方面的黄永熙、李基彰、李愚珉分任朝方各部主任。这是湖南人民与朝鲜人民较早建立深厚友谊关系的一个史实，也是何叔衡与毛泽东等人在当时形势下非常注重国际主义宣传的一个明证。

从创建新民学会，到建立文化书社，组织俄罗斯研究会，参与改造湖南的活动，主办《湖南通俗报》等一系列革命活动，何叔衡与毛泽东配合得非常好，当时在会友中间流传着这样一句话："毛润之所谋，何胡子（叔衡）所趋；何胡子所断，毛润之所赞。"②

---

① 王兴刚、方大铭：《何叔衡》，《中共党史人物传》第4卷，陕西人民出版社1982年版，第15页。
② 萧三：《不能忘却的怀念——忆叔衡同志》，《工人日报》1981年2月25日。

第四章

开始为党工作

湖南建党

何叔衡与毛泽东、蔡和森等组织领导的新民学会是中共湖南党组织建立的基础。新民学会成立初期只是一个进步的学术性团体，它通过组织领导驱张运动、旅法留俄勤工俭学运动、湖南人民自治运动以及创办文化书社、组织俄罗斯研究会等一系列活动，到 1921 年初，学会已转变成一个以政治性为主的革命团体。

在这期间，新民学会会员的思想变化很大。特别是马克思主义在湖南传播后，大多数新民学会会员积极学习马克思主义理论，信仰马克思主义，主张走"改造中国与世界"的革命道路。也有少数会员主张走温和改良的道路，还有个别会员不赞成进一步的革命活动，最后走上了与革命相分离的道路。新民学会会员出现了思想分歧。主张温和改良的萧子升晚年曾对当时的情况进行了回忆，他说：

> 一九二○年，学会出现了分裂。在毛泽东领导下那些热中〔衷〕共产主义的人，形成了一个单独的秘密组织，所有非共产党的会员，除我之外，都不知道暗中进行中的事情。因为毛泽东把他有关新组织的一切都告诉了我，希望我也能参加。同时蛮有信心，他认为我决不会出卖他们，虽然我对他们并不表赞成。
>
> ……
>
> 有一天，一件相当有趣的意外事件发生了，这件事说明了我们之间的分歧。何叔衡长着一脸浓密的胡髭，比我和毛泽东约莫大十岁，我们叫他"何胡子"。他是我们两个人的朋友，但他和我在楚怡学校共事两年，因此他和我更亲密。那一天他告诉我，"润芝在会员中悄悄地批评你，说你是资产阶级分子，不赞成共产主义。……"

后来我把何胡子的话告诉毛，毛毫不犹豫地承认了。我问他："你为什么说我是资产阶级分子？如果说我说过不赞成共产主义，那你知道我反对的是俄罗斯共产主义而已。你也知道我很赞成共产主义原则，我相信社会主义亦应渐渐转变为共产主义。"

毛泽东一句话也不说，何胡子却高声大笑，"肖胡髭（这里的"胡髭"是个尊敬和亲密的称呼）"，他叫道："你不在的时候，润芝要我走一条路，润芝不在，你又劝我走另一条路；你们俩人都不在时，我不知道走哪条路好！现在你们俩人都在一起，我仍然不知道走哪条路好！"何胡子的话引起了一阵大笑，但这他说的亦是事实。

何胡子说的虽是笑话，而且只代表他自己，但实际上却不知不觉地作了新民学会全体会员的代言人，因为当时确实有一种值得注意的，犹豫不定的因素，不过，何是唯一的坦率诚恳地说出真话，呼吁大家注意两位领导人之间的分歧，这种意见分歧终于造成以后的分裂[1]。

萧子升在上述回忆中所述，"在毛泽东领导下那些热衷共产主义的人，形成了一个单独的秘密组织"，实际上是指长沙的共产党早期组织。大约在 1920 年 11 月，毛泽东接受陈独秀、李达来信委托他"发动湖南的中共小组"[2]后，经过慎重物色，毛泽东、何叔衡、彭璜等六人在建党文件上签了名，于是长沙的共产党早期组织即告成立。这个组织成员都是新民学会会员，但因组织是秘密的，所以在新民学会中没有公开，从事马克思主义的宣传活动，还是以群众团体和文化书社、俄罗斯研究会的名义进行。此后，根据 1921 年新民学会召开的新年大会上的决定，何叔衡同毛泽东又积极筹建社会主义青年团，并于 1 月 13 日正式成立。社会主义青年团在正式成立之前，1920 年 10 月，毛泽东接到上海和北京寄来的社会主义青

① 萧子升：《毛泽东青年时代》，中共中央党史资料征集委员会编：《共产主义小组》（下），中共党史资料出版社 1987 年版，第 575—576 页。
② 张国焘：《我的回忆》第 1 册，现代史料编刊社 1980 年版，第 98 页。

年团章程后，即积极进行发展团员的工作。发展的团员中许多是新民学会会员。据易礼容回忆，社会主义青年团建立后，毛泽东是团的书记。以后罗君强、萧述凡、田波扬先后当过书记。何叔衡、夏曦、郭亮等人是团员①。

1921年6月，何叔衡的湖南通俗教育馆馆长职务被赵恒惕下令撤销后，便接到毛泽东与他赴上海参加中国共产党第一次全国代表大会的通知。于是，他同毛泽东由长沙小西门码头乘船去武汉，而后转赴上海。何叔衡与毛泽东动身时的情景，谢觉哉当时以日记形式记载下来。"六月二十九日，阴。""午后六时，叔衡往上海，偕行者润之，赴全国〇〇〇〇〇〇之招。"②1952年，谢觉哉对此事又作了回忆。他说："一个夜晚，黑云蔽天作欲雨状，忽闻毛泽东同志和何叔衡同志即要动身赴上海，我颇感到他俩的行动'突然'，他俩又拒绝我们送上轮船。后来知道：这就是他俩去参加中国共产党第一次代表大会——伟大的中国共产党诞生的大会。"③1978年，谢觉哉的夫人王定国回忆道："对于这样一个重大的历史事件，由于湘江上空乌云翻滚，反动势力猖獗，谢老既怕忘掉，又不能详细记载，只好在这天日记上，画了一大串圆圈。"④

何叔衡和毛泽东到达上海后，住在上海法租界蒲柏路博文女校。这时，各地代表正陆续到此聚集。1936年，陈潭秋对此作了回忆，说：

一九二一年的夏天，上海法租界蒲柏路，私立博文女校的楼上，在七月下半月，忽然新来了九个临时寓客。楼下女学校，因为暑期休假，学生教员都回家去了，所以寂静得很，只有厨役一人，弄饭兼看门。他受熟人的委

①　易礼容：《党的创立时期湖南的一些情况》，中国社会科学院现代史研究室、中国革命博物馆党史研究室选编：《"一大"前后》（二），人民出版社1980年版，第282页。
②　《谢觉哉日记》上册，人民出版社1984年版，第49页。该日记中"〇"表示"共产主义者"。
③　谢觉哉：《第一次会见毛泽东同志》，《谢觉哉杂文选》，人民文学出版社1980年版，第330—331页。
④　王定国：《万古之霄春意旋》，《工人日报》1978年12月23日。

托，每天做饭给楼上的客人吃，并照管门户。不许闲人到房里去，如果没有他那位熟人介绍的话。他也不知道楼上住的客人是什么人，言语也不十分听得懂，因为他们都不会说上海话，有的湖南口音，有的湖北口音，还有的说北方话。这些人原来就是各地共产主义小组的代表，为了正式组织共产党，约定到上海来开会的。这九个人是：长沙共产主义小组代表毛泽东同志、何叔衡同志；武汉共产主义小组的代表董必武同志和我；济南共产主义小组代表王尽美同志、邓恩铭同志，王、邓两同志那时是两个最活泼英俊的青年，后来王同志在努力工作中病死了，邓同志被捕，在济南被韩复榘枪毙了。还有一个北京的代表刘仁静后来变成了托洛茨基的走卒，被党开除，现在国民党警察所特殊机关卖气力，专门反对共产党。一个广东代表包惠僧[1]，国共分家后投降了国民党，依靠周佛海谋生活。再一个是留日共产主义小组代表周佛海，在广东时期，因行动违背共产党党纲，被党开除了[2]。

　　这 9 位代表中，年龄最大的是何叔衡。当时，他和毛泽东，一个是 40 开外，留着八字胡，老成持重；一个是 28 岁的青年，身材高大英俊，谈吐不凡，因此他们给与会代表留下了深刻的印象。他们住的博文女校是上海党组织以北京大学暑假旅行团的名义租下，专门供外地代表住宿的。其余 4 个代表，北京的张国焘、上海的李汉俊和李达、广东的陈公博，他们有的住在家里，有的住在旅社。

　　1921 年 7 月 23 日晚，中国共产党第一次全国代表大会在上海法租界望志路 106 号（今兴业路 76 号）开幕。参加会议的代表有上海的李达、李汉俊，北京的张国焘、刘仁静，长沙的毛泽东、何叔衡，武汉的董必武、陈潭秋，济南的王尽美、邓恩铭，广州的陈公博，旅日的周佛海；包惠僧

---

① 包惠僧，原是武汉共产党早期组织的成员，1921 年初因事到上海。5 月中旬，李达派包去广州找陈独秀（当时任广东省教育委员会委员长）商谈工作，后留在广州。陈接到召开中共第一次代表大会的通知后，派包到上海参加。

② 陈潭秋：《第一次代表大会的回忆》，《"一大"前后》（二），人民出版社 1980 年版，第 285—286 页。

受陈独秀派遣，出席了会议。他们代表着全国 50 多名党员。共产国际代表马林、尼克尔斯基也出席了会议。这是一栋砖木结构的两层楼房，典型的上海里弄住宅式的建筑。外墙青红砖交错，其间镶嵌着白色粉线；门楣是矾红的雕花；乌黑的木门上配着一对沉甸甸的铜环，门框四周由米黄色石条围成。墙、门和雕花使人一眼望去有一种朴实典雅之感。会场设在楼下客堂中间，布置很简单，客厅正中有一张长型餐桌，周围可坐 10 余人。桌上放着雅致的茶具，粉红色荷叶边的玻璃花瓶，还有一对紫铜烟缸，各代表席上放着几张油印的文件。另有两只茶几，四张桌椅分别置于东西墙边，一张两斗小桌置在北端板壁处。墙上没有张贴任何标语，但会场气氛却很庄重。会议原定由陈独秀主持，但他因广州公务繁忙不能参加会议，因此在临开会前推举张国焘主持会议，毛泽东与周佛海担任会议记录。

大会从 7 月 23 日起开会，何叔衡与毛泽东坐在一起。会议开始几天，各地代表向大会报告本地区党团组织成立的经过，开展的主要活动，以及进行工作的方法和经验；讨论起草小组提出的会议文件草案等等。在会议进行期间，突然发生了一件事。据陈潭秋回忆：

> 大会决定第四天的夜晚，最后通过党章，下午八点钟晚饭后，齐集李汉俊寓所的楼上厢房里，主席刚刚宣布继续开会，楼上，客堂发现了一个獐头鼠目的穿长衫的人。当时李汉俊到客堂去询问他，他说是找各界联合会王会长，找错了房子，对不起，说毕扬长下楼而去。离李汉俊寓所的第三家，确实是上海各界联合会的会所。但是上海一般人都知道，各界联合会没有会长，也没有姓王的人。于是我们马上警觉到来人的可疑，立即收检文件分途散去，只李汉俊与陈公博未走，果然，我们走后不到十分钟，有法华捕探等共九人来李汉俊家查抄，但除了公开出版的马克思主义的书籍以外，没有抄出其他可疑的东西，所以并没有逮捕人[1]。

---

[1] 陈潭秋：《第一次代表大会的回忆》，《"一大"前后》（二），人民出版社 1980 年版，第 287—288 页。

当晚 12 时，多数代表聚集在陈独秀、李达的寓所，商量下一步会议的安排问题。为了安全，大家一致认为，必须改变开会地点。最后决定按照李达夫人王会悟的建议，会议转移到她的家乡浙江嘉兴南湖上召开。第二天，代表们先后来到上海北站，分两批由王会悟和李达带着乘车南行。代表们先后到达嘉兴后，陆续来到南湖湖畔，借游湖为名，登上了事先租好的一只游船，并预备酒食，在船上开会。

代表们随王会悟和李达先后来到嘉兴后，王会悟在南湖附近的鸳湖旅馆租下两间客房，并托旅馆账房代租一艘游船。于是，中国共产党第一次全国代表大会的最后一次会议就在南湖的一艘游船上召开了。这是一艘比较精美华丽的游船，据王会悟回忆：船的式样大小不到 14 公尺，"中间有一个大舱，大舱后面有一个小房间，内放一只铺，有漂亮的席枕，房间后面船艄住船老大夫妇，中舱和船头中间有一个小舱，可睡一个人（有栏槛和中舱隔开），船的右边有一个夹道，左边没有夹道，中舱内靠后边放有几枕俱全的烟榻一只，上边挂有四扇玻璃挂屏，两边玻璃窗上挂绿色窗帘，放大八仙桌一张，还有凳子"①。开会这天，为了安全起见，代表们带着乐器和麻将牌，并在中舱的桌面上备有酒菜，以游客身份作掩护。王会悟则坐在前舱放哨。

大会从上午 11 时开始，经过一天的讨论，于会议议程完毕后，大约在下午 6 时左右结束。大会通过了中国共产党纲领，确定了党的名称为"中国共产党"，并规定党的纲领是：革命军队必须与无产阶级一起推翻资本家阶级的政权；承认无产阶级专政，直到阶级斗争结束，即直到消灭社会的阶级区分；消灭资本家私有制，没收机器、土地、厂房和半成品等生产资料，归社会公有；联合第三国际。大会还讨论通过了《关于当前实际工作的决议》，确定党成立后的中心任务是组织工人阶级，领导工人运

① 王会悟：《"一大"在南湖开会的情况》,《"一大"前后》(二),人民出版社1980年版,第57页。

动。大会选举陈独秀、张国焘、李达组成中央局，陈独秀为中央局书记。中国产生了共产党，这是开天辟地的大事变，中国革命的面貌从此焕然一新。

中共一大闭幕后，8月中旬，何叔衡回到湖南。随即他同毛泽东开始了筹建中国共产党湖南地方组织的活动。易礼容回忆这段往事时说：

> 毛参加"一大"后，大约八月回到长沙。他回来后不久到朝宗街文化书社找了我。当时因为社里人很多，谈话不方便，他把我邀出来，在书社对面的竹篱笆旁边谈话。他说要成立共产党，我说：我听说俄国一九一七年列宁领导的革命死了三千万人。中国现在要成立共产党，要是死三十个人，救七十个人，损失太大，我就不干。他说：你错了。社会主义革命，是瓜熟蒂落。我说：瓜熟蒂落，就干吧。又过了几天，他找了我和何叔衡，在现在的清水塘后面的协操坪（协操坪的来历是：清朝的官制，文官有制、府、藩、臬、道；武官有提、镇、协、参、游。"协"相当于旅，协操坪是满清时"协"的军队练兵的地方），这个操坪很大，有几亩地，中间有一个大草皮堆子。当时我们怕被敌人发现，没有坐在那里开会，一边走，一边谈，这样，我们三人在那里决定了要成立党。……①

经过一段时间的组织准备，"一个秋凉的日子，在长沙城外协操坪旁边的一个小丛林里，有几个人在散步。他们一时沉默地站在树丛和石碑的中间，一时在丛林里的小路上走动。彼此热烈地谈论。在高高身材、脚步郑重的毛泽东同志的旁边，走着宽肩膀、矮矮身材、一口黑胡子的何叔衡同志"②。此外还有彭平之、陈子博、易礼容等。这一天是"中华民国"十年十月十日，因此湖南党组织的正式成立日，曾被戏称为"三十节"。中

---

① 易礼容：《党的创立时期湖南的一些情况》，《"一大"前后》（二），人民出版社1980年版，第282—283页。
② 萧三：《毛泽东同志的青少年时代和初期革命活动》，中国青年出版社1980年版，第100页。

共湖南党支部成立时有党员 10 人左右，支部书记为毛泽东，委员有何叔衡、易礼容等，党员有彭璜、郭亮、彭平之、陈子博等。党支部成立后，新民学会实际上就停止了工作。

此后，毛泽东和何叔衡、易礼容等领导党支部，根据中共一大决议和 1921 年 11 月《中国共产党中央局通告——关于建立与发展党团工会组织及宣传工作等》文件精神，开始积极发展党员，建立党的基层组织。他们注重在工人和学生中发展党的组织，吸收先进分子入党。到 1922 年 5 月，先后在长沙、安源、衡阳建立了 3 个党支部，共有党员 30 余人。根据中共中央局 1921 年 11 月《通告》中关于"上海北京广州武汉长沙五区早在本年内至迟亦须于明年七月开大会前，都能得同志三十人成立区执行委员会"①的指示，1922 年 5 月底，毛泽东同何叔衡在中共湖南支部的基础上建立了中共湘区执行委员会（简称湘区委）。毛泽东为书记，何叔衡、易礼容、李隆郅（李立三）为委员。后来，委员中增加了郭亮。湘区委机关设在长沙小吴门外清水塘 22 号。这所房子，是在一个大菜园的中间，前面过去几亩菜畦，接连有两口很大的塘，塘的名字叫清水塘，也就是此地的地名。房子的前面有一块凸凹不平的小小草场，站在草场上随意望去，就能看见那两塘澄静如镜的清水。中共湖南支部和湘区委秘密集会和办公均在于此。1923 年，李维汉接任湘区委书记。何叔衡在马日事变前一直担任区委委员和湖南省委委员。

中共湘区执行委员会成立后，继续进行发展党员和扩大党组织的工作。先后在粤汉路、第一纱厂、电灯公司、造币厂、黑铅炼厂以及泥木、缝纫、印刷等行业中，积极慎重地发展党员，建立党小组和党支部。据 1924 年 5 月统计，长沙有党员 89 人，安源 60 人，是中共湘区执行委员会管辖下党员人数最多的地方。

---

① 中央档案馆编：《中共中央文件选集》第 1 集，中共中央党校出版社 1989 年版，第 26 页。

何叔衡在上海参加中共一大回到长沙后不久，即经毛泽东推荐，接任了湖南第一师范附小主事的职务。这时，他一面教书，一面积极从事党的工作，培养党的积极分子，发展党员，经他介绍加入中国共产党组织的就有多人。1921年冬，他首先介绍省立一师附小教师许抱凡加入党组织，据许回忆："那时在岳麓山爱晚亭开第一次会时，还只有七个党员。"[1] 许抱凡入党后，何叔衡派他同余惪芟（余盖）到新河创办铁路工人子弟学校，开展工人运动。"宁乡四髯"中的"三髯"都是经何叔衡介绍入党的，即：1922年8月，姜梦周到自修大学补习学校担任管理员兼教员，何叔衡介绍姜梦周加入了党组织。1925年6月，他介绍云山学校校长王凌波加入党组织。8月，他又介绍当时在湘江学校教书的谢觉哉加入党组织。此外，贺尔康、李六如、何立前等的入党介绍人都是何叔衡。因此，人们把何叔衡誉为湖南建党的"老母鸡"。

在这期间，何叔衡同毛泽东还帮助萧述凡进入湖南第一师范学校学习。萧述凡出生于贫农家庭，幼年无钱读书，常在家中务农。16岁考入云山高小，1921年夏毕业时正遇湖南第一师范在宁乡招生，他即报考县额。当时的作文试题是《对于援鄂战争的推测》。这场战争是湖南军阀赵恒惕发动的，他企图用武力占领湖北，把湖北卷入"联省自治"范围，以巩固和扩大其统治地位。别的考生在这篇作文中，都赞扬赵恒惕的"省宪法"和"联省自治"，唯独萧述凡见解不同，文中还批评了"联省自治"。劝学所的姜梦周等准备把萧述凡录取为宁乡县额第一名，但遭到县知事左全志的反对，并将此事报告了赵恒惕。赵恒惕得知此事后，不仅要逮捕萧述凡，还训斥了宁乡县劝学所。萧述凡无所畏惧，跑到长沙去报考工厂。这时，何叔衡与毛泽东获悉萧述凡的遭遇后，即向一师校长易培基建议，将萧述凡录取为公额生，编入毛泽东任教的一师二十二班。萧述凡后来加入了中国共产党，还担任全省学生联合会主席和湖南区团委书记等职。

---

[1] 转引自姜国仁、张生力：《四髯合传》，湖南人民出版社1984年版，第35—36页。

与此同时，何叔衡和谢觉哉还支持宁乡同乡会创办《宁乡旬刊》，后改名为《沩波》杂志。该刊主要内容是介绍国内外新思想，批评宁乡腐朽的县政。该报被宁乡守旧派攻击为恶报，而新派人士给予回击说："善有善报，恶有恶报。善人办的是善报，恶人办的是恶报。"《宁乡旬刊》对宁乡人民的革命斗争起了一定的促进作用。

为培养革命干部办学

1921年8月，何叔衡从上海回到长沙后，在积极建立湖南党组织的同时，还努力培养革命干部，创办湖南自修大学。当时，何叔衡和毛泽东认为党组织建立后，需要有一个加强理论学习和宣传的公开场所，有一个开展各方面活动的地方，因而建立一所自修大学是非常必要的。于是，他们将校址选在长沙小吴门正街船山学社内。

船山学社是民国初年湖南一些文人学士为宣传王船山学术思想而设立的。1914年至1915年，每周在社内讲演船山学术一次，借此抨击袁世凯的帝制阴谋，颇受一般人欢迎。主持社务者大多是一些老学先生，其中有的人也参加过驱张运动。赵恒惕政府时期，船山学社每年可得政府拨款4000元做活动经费。何叔衡是该社社员，1920年秋至1921年夏，曾担任船山学社社长兼船山中学校长。何叔衡同毛泽东参加中共一大回到长沙时，正值贺民范担任船山学社社长，他与何叔衡是朋友关系。于是，何叔衡与毛泽东一道在贺民范的积极支持下，开始为创办湖南自修大学而奔忙。

当时，船山学社中一些守旧的社员不同意在社内办自修大学，省政府方面也拒绝拨款。何叔衡与毛泽东、贺民范便分头活动，向教育界、新闻界的知名人士进行宣传，并争取老同盟会员、船山学社董事会总理仇鳌的支持。同时，还注意积极发展新社员，使进步势力在学社中占取优势。由于何叔衡、贺民范、仇鳌、王季范、李六如、方维夏、石广权、熊瑾玎、张唯一等，在多次社员会议上坚持办学，陈章甫、杨开慧等人又被吸收为新社员，因此在船山学社内建立自修大学一事终于得到学社允许。校址和经费问题解决后，8月，毛泽东起草了《湖南自修大学创立宣言》和《湖南自修大学组织大纲》。《组织大纲》于8月16日至20日在长沙《大公报》上连载。毛泽东在一块贴着白报纸的长木牌上亲笔题写的校名，由易礼容挂在学社的大门口，一所传播马克思主义和培养革命干部的新型学校，在船山学社创办起来了。

自修大学的首届校长由贺民范担任。学校设校董会，由15名校董组成，负责筹措经费，掌握办学方针。校董会推举驻校校董1人，任校长，管理日常校务。贺民范、毛泽东、何叔衡先后担任过驻校校董。校董会还设有名誉校董，蔡元培曾受聘为名誉校董。校董会下设学长，负责指导学友的学习和成绩考核。

自修大学在当时是一所与众不同的新型学校，它的教育宗旨是提倡平民主义、造就人才、改造社会。《组织大纲》第一条中就明确规定："本大学鉴于现在教育制度之缺失，采取古代书院与现代学校二者之长，取自动的方法，研究各种学术，以期发明真理，造就人才，使文化普及于平民，学术周流于社会。"在《入学须知》中更明确表示："我们的求学不是没有目的的，我们的目的在于改造社会。我们求学是求实现这个目的的学问。我们不愿意我们同学中有一个'少爷'或'小姐'，也不愿意有一个麻木或糊涂的人。"① 从这些规定中可以看出，湖南自修大学摒弃了以往历代王朝以培养"顺民"为目的的教育宗旨，克服古代书院和现代大学的种种弊端，走上了一条创新的办学道路。

自修大学在办学方法上主要侧重于适合个性的自动自发的研究。它在

① 《新时代》第1卷第1号。

《创立宣言》中规定："自修大学学生研究学问的主脑，是'自己看书，自己思索'。"因此学校除外国文外，基本上无上课时间，由学生各自制定课程表，对于所选的学科利用图书馆、实验室进行单独修习，要求每人每日作读书录、填作业表。同时，学校采取多种形式的教育途径，有住校、走读、面授、函授等。这样，学生"可以到校里来研究，也可以就在自己的家里研究，也可以就在各种店铺里、团体里，和公事的机关里研究"[1]。教师辅导的方法也分为通信指导、特别讲座、特别授课、订正笔记、修改作文等。学生自选的科目，学完一科成绩合格者发给证书。这样不仅使学生自学能力得到培养，而且使学校组织得以简化。这种灵活性和多样性无疑是中国教育制度上的一个创举。

自修大学的教学内容注重政治思想、社会实践和现代科学。自修大学的科目设置分为文、法两科，共 15 门课程。文科有中国文学、西洋文学、英文、伦理学、心理学、论理学、教育学、社会学、历史学、地理学、新闻学和哲学。法科有法律学、政治学和经济学。学校规定："学友于以上各种学科中至少须选修一种。"但是，自修大学教学活动的核心，是研究和宣传马克思主义。这方面的教材有《共产党宣言》《哥达纲领批判》《社会主义史》《工钱劳动与资本》《马克思的唯物史观》（即《〈政治经济学批判〉导言》）等著作。学员在学习中除自己学习，自己思考外，还采取共同讨论，共同研究的方法。学友在校内组织了各种研究会，如经济学研究会、哲学研究会、马克思学说研究会等，各个研究会在半月左右召开一次学术讨论会。

1922 年 7 月，出席中共第二次全国代表大会的李达，会后他"觉得马列主义理论仍须有深入研究的必要"，自己"还是专心去研究理论为好"[2]。于是，他离开了中央，专门从事马列主义理论的研究和宣传。同年 11 月，

---

① 《新时代》第 1 卷第 1 号。
② 《李达自传》(节录)，《党史研究资料》第 2 集，四川人民出版社 1981 年版。

他应毛泽东的邀请，到湖南自修大学担任学长。李达在担任学长期间，经常为学员举办马克思主义基本原理专题讲座，包括唯物史观、剩余价值论、社会发展史。他还为学员编写了《马克思主义名词解释》等参考资料，供学员查阅。学校还聘请了一批著名教授作通函指导，李大钊、陈独秀都曾应聘。并且还请一些革命活动家来校讲演，邓中夏、恽代英、张秋人等曾来校讲演。学校还有一个藏书丰富的图书馆，除原船山学社留下的经史子集等古籍外，学校将相当一部分经费用于购置图书。仅1921年下半年就购置了哲学、政治、社会、经济等类图书421种，1000余册。其中有马克思、恩格斯的《共产党宣言》，马克思《工钱劳动与资本》《马克思〈资本论〉入门》，邵飘萍《新俄国之研究》和考茨基著、恽代英译《阶级斗争》等。自修大学为学员提供的学习书籍和方法，培养和提高了学员的自学能力，提高了学员的马克思主义理论水平，使一批优秀青年干部在短时间内便脱颖而出。

自修大学的学员大部分是共产党员和社会主义青年团团员，正式学员人数不多，约有30余人。毛泽东、何叔衡、李维汉、贺民范、李达、夏明翰、易礼容、罗学瓒、姜梦周、陈佑魁、毛泽民、陈章甫、陈子博、陈子展、彭平之、曹典琦、廖锡瑞、刘春仁、戴晓云、刘大身、郭亮、夏曦、贺果、王梁、傅昌钰、黄衍仁、王会悟、杨开慧、许文煊等都是自修大学的学员。夏明翰入学还有一段缘由，夏明翰出生在没落的地主官僚家庭，他原是衡阳第三甲种工业学校的学生，曾积极参加和领导了衡阳学生的爱国运动，抵制和焚毁日货，支援长沙学生的驱张运动。在家里，他敢于把吴佩孚送给他老祖父夏时济的亲笔条幅撕毁，把夏时济收藏的日货翻出来烧掉。气得夏时济把他关了起来，要他"认罪"，他却在一个晚上，用斧头砍断窗棂，逃了出来。于是，他找到何叔衡，向他倾诉了自己的志向，以及受到家庭的阻挠，不得不只身出走的遭遇。何叔衡对夏明翰深表同情，便将夏明翰带往长沙，介绍他到湖南自修大学学习。同时，何叔衡还赋诗一首，以鼓励夏明翰，诗云：

神州大地起风雷，

投身革命有作为，

家法纵严难锁志，

天高海阔任鸟飞①。

经过一段时间的学习，夏明翰向何叔衡提出了入党的要求。何叔衡有意考验他，便说："明翰，也许有人问你，加入共产党对你有什么好处？"夏明翰严肃地回答："我要求加入共产党，不是为了个人得到什么好处。我痛恨封建家庭，唾弃纨绔生活，讨厌官场钻营。我这样做只是为了牺牲一个旧我，迎来一个新我，使自己能够为工农的翻身和人类的解放奋斗终身。""说得好！"何叔衡高兴地握着夏明翰的手说："一个人如果怀着对个人有什么好处的动机入党，这是对共产党的一种玷污，是一个共产主义战士的奇耻大辱。"②1921 年，经何叔衡、毛泽东介绍，夏明翰光荣地加入了中国共产党，并以其光辉的历史实践了入党誓言。

在学习中，何叔衡同毛泽东一方面自己系统地、深入地研究马克思主义理论，一方面组织学员学习马克思主义，并动员有志青年踊跃参加自修大学。当时柳直荀虽在雅礼大学读书，但他仍挤时间到自修大学学习。他和夏明翰、蒋先云、姜梦周等在一个小组，何叔衡和毛泽东经常到他们小组参加讨论。有一次，何叔衡听了柳直荀的发言，感到很满意，便拍着柳直荀的肩膀，亲切地说："这个伢子有出息，很聪明，是个有用的人才。"同时鼓励他"还要继续努力"。1922 年自修大学举行过几次公开的讲演大会，毛泽东宣讲了《苏俄革命的历史经验》，李维汉宣读了《观念史观批判》等论文，推动了学员对马克思主义的学习和研究。

自修大学强调实际知识，特别重视社会实践。学员的一门主课就是参

---

① 湖南省博物馆编：《湖南革命烈士诗词书信选》，湖南人民出版社 1981 年版，第 138 页。

② 《湖南党史通讯》1986 年第 2 期。

加工人运动、学生运动和反帝斗争，许多学友兼任了长沙各工会的秘书或群众团体的负责人，或工人夜学的教员，如罗学瓒、陈子博、易礼容、毛泽民、彭平之等分别兼任长沙人力车、织造、泥木、笔业等行业工人俱乐部的秘书，夏明翰兼任湖南学生联合会编辑部主任，王梁、夏曦先后兼任湖南学生联合会主席。学员在革命斗争实践中，加深了对马克思主义基本原理的理解，培养了实际工作的能力。

自修大学创办后，社会影响颇大，北京、上海都有反应。当时著名的进步的民主教育家蔡元培和李石曾都先后撰写文章。蔡元培称自修大学"合我国书院与西洋研究所之长而活用之。其诸可以为各省新设大学之模范者欤！"① 李石曾在题为《祝湖南自修大学之成功》一文中称赞："自修大学果能得适宜之发展，诚足为一新教育制度之新纪元，而成学术之普及。赖此可使大学由特殊阶级之制度而成为群众之组织；由名城要邑之集中而成为地方平等之事业，此非其他大学所能而为自修大学所独有之希望。执此以热祝湖南自修大学之成功，为高等教育普及之先导，为社会自由制度实现之先导。"② 毛泽东和何叔衡倡导创办的湖南自修大学为革命培养了一大批优秀干部，毛泽民、罗学瓒、杨开慧、蒋先云、柳直荀、姜梦周等都是自修大学的学员，他们先后为中国革命事业献出了生命。

由于自修大学强调以自学为主，《入学须知》上也明确规定："凡自揣无自修能力者不必入校。"即使入了校，对于"无自修能力，对于所认定学科不能尽心研究，无成绩之表示"的学生，也要"令其退学"。这表明自修大学的招生水平较高，不能适应一般知识青年，尤其不能适应工农青年的要求。于是，1922 年 9 月，自修大学附设"补习学校"（后又附设初中班），公开招生，为党培训青年革命干部。补习学校由何叔衡任主事，毛泽东任指导主任，夏明翰任教务主任，易礼容任事务主任，姜梦周任管

---

① 蔡元培：《湖南自修大学的介绍与说明》，《新时代》第 1 卷第 1 号。
② 李石曾：《祝湖南自修大学之成功》，《新时代》第 1 卷第 1 号

理员兼教员。何叔衡、李维汉、罗学瓒、夏曦、曹典琦等都担任过教员。补习学校招生最多时有 200 余人，来自湖南 33 个县和外省 4 个县，有进步的知识青年，也有青年工人中的先进分子。贺尔康、毛泽覃、陈赓、高文华、李耀荣、张琼等都是补习学校的学生，其中年龄最大者 22 岁，最小者 13 岁。看着来自不同省县的学生，何叔衡感慨万分，他在自己的房间里写下一副对联：

汇人间群书博览者，何其好也；

集天下英才教育之，不亦乐乎[①]。

补习学校所设课程有国文、英文、数学、历史、地理等，虽大体与一般学校相似，但主要教学内容仍以进行马克思主义思想教育、提高学生的阶级觉悟和理论水平为主。补习班的国文讲义中有一篇文章是《告中国农民》。该文详细分析了湖南农村各阶级的社会经济情况和土地日渐集中的原因，指出农民的出路只有革命，从地主手中夺回土地。教员通过对文章的讲解，向学生宣传革命道理，激发学生的革命热情。另外，《向导》和《中国青年》等党、团刊物，也成为学生的课外必读书。

补习学校有三个补习班和一个初中班，何叔衡为办好这个学校投入很大精力。他对学生的学习十分关心，经常参加学生的讨论会，找学生谈心，鼓励他们抓紧时间多读书。学生中的优秀分子都先后由教员介绍加入了中国共产党。

何叔衡不仅督促学员努力学习，他对自己的学习也抓得很紧。当时，他肩上的担子很重，除了做党的工作和担任自修大学补习学校主事外，还担任了一师附小的主事和其他社会工作。白天没有时间读书学习，他就利用晚上时间刻苦读书。他曾经说过：自己要有真才，然后才能造就人才。据当时住在自修大学的一个学生后来回忆，何叔衡每晚要看书到 12 点，早晨又起得很早，要读一个小时书才开门，读到精彩处，还拍桌子，引起

---

① 转引自姜国仁、张生力：《四髯合传》，湖南人民出版社 1984 年版，第 39 页。

了住在他附近的几个贪睡的青年不满，向他提意见，要他早晨多睡一会儿。他语重心长地说：我年纪大了，不拼命学习，怎能胜任工作呢？你们将来也许会体会到的，希望你们把全部精力放在学习上。

由于自修大学广泛宣传新思想，传播马克思主义，受到广大革命者的赞誉和欢迎，影响日益扩大，引起了反动当局的仇视。1923年4月，赵恒惕见湖南工运高涨，就已有封闭自修大学的想法，但没有找到适当机会下手。这年秋，谭延闿和赵恒惕之间的战争爆发，谭被孙中山任命为湘军总司令兼湖南省省长后，出兵讨赵。在谭赵战争时，自修大学学员联络社会各界，起来反对赵恒惕的统治，举行迎谭驱赵大会。谭赵战争结束后，11月5日，赵恒惕即以"自修大学所倡学说不正，有关治安"为由，下令"着即取消"。随即自修大学和附设补习学校被查封。

何叔衡同毛泽东主办的自修大学被迫解散后，学生"浸渍革命思潮依依不忍去"，"风餐露宿于教育会坪者十余日，请政府收回成命，迄无效果"。在此情况下，中共湘区委和"一部分之教职员同志愤起而有重新组校之议"[①]。经过何叔衡和毛泽东等人的一番奔波筹划，11月20日，由中共湘区委筹办的湘江学校（又称湘江中学）成立了，原自修大学和附设补习学校的多数教师和学员转入该校工作和学习，并于11月24日正式开课。湘江学校校址初设在犁头街后街6号，后迁至浏阳门外识字里（今识字岭），1925年又迁至黄泥塅邵阳试馆。

湘江学校创建时，发起者何叔衡同毛泽东、罗宗翰、李维汉、易礼容、姜梦周、陈章甫等12人，组成了湘江学会。他们每人集资50元作为新校开办费。学校成立后，学会即为本校校董会。后来，中共湘区委员会负责人和党的重要活动家多数加入湘江学会。学校的首任校长为罗宗翰，后因事离职，校长一职由易礼容接任。1924年冬，易礼容辞职，何叔衡继任，

---

① 姜梦周：《本校三周年之回顾》，《湘江》三周年特刊（1926年11月20日）。

直至 1927 年 3 月学校停办。何叔衡的好友姜梦周在学校名为管理员兼教员，实则总管校务，诸如筹集经费、修理校舍、招收学生、聘请教员、安排课程、管理伙食等，都由他负主要责任。1927 年 1 月 19 日，校董会议决议改校长制为委员制，推定何叔衡、夏曦、徐特立、曹典琦、姜梦周、廖锡瑞、仇鳌 7 人为校内行政委员。21 日，行政委员会第一次会议议决，委员会设主席一人，委员会之下暂设教务、党务、事物三项，推举何叔衡为委员会主席，廖锡瑞为教务部主任，曹典琦为党务部主任。校董会之下设经济委员会，夏曦、姜梦周、易培基、邓寿荃、董维健 5 人为委员，负责校内经济事宜。

然而，学校成立后不久便爆发了五卅运动，湖南也到处笼罩着恐怖的气氛。此时，赵恒惕公然宣布"四斩令"，即宣传过激者斩；煽惑军心者斩；造谣生事者斩；扰乱秩序者斩。从而使学校"乃居恐怖之中，而暗探则无日不枉顾也"。学校的经费也受到很大影响，到 1925 年暑假后，"校中所负债务，已近六千，不但薪资无着，伙食且不易支持"。在这种情况下，何叔衡与姜梦周一道，想方设法，苦心经营，争取社会的同情。"各教职员大半不支薪，努力从事，未尝稍萌退志。"[①] 为筹措经费，何叔衡专程赴广州，以国民党湖南省党部监察委员的身份，向国民党中央党部申请款项。但由于此时刚好廖仲恺遇刺，中央党部以保证第二次东征军费为由，未能允诺。于是，何叔衡又利用堂弟何梓林生前是粤军许崇智部属的司令和阵亡后孙中山亲笔题词"为国捐躯"的声誉，向原何的部属及湘籍将领募捐，终于解决了学校的经费问题。

湘江学校在党的领导以及何叔衡、姜梦周等人的主持下，继承了自修大学的传统。它"以启迪学生，使为健全的战士，为国民除障碍，为民族争自由"为宗旨，"特别注意培养学生的民族独立思想与革命精神"。当时，

---

① 姜梦周：《本校三周年之回顾》,《湘江》三周年特刊（1926 年 11 月 20 日）。

学校还创作了一首激励学生奋发向上的校歌，歌词是：

衡山高，洞庭广，沅芷醴兰，发奇芳无限。宋渔父（即宋教仁），谭浏阳（即谭嗣同），赫赫先贤安德。济济一堂，湖湘子弟新气象，此时鼓棹湘江，有日乘风破万里浪！①

学校的教学内容，"除应教之功课尽力教授外，并注意下列各项教材：一、注意解释近代的国耻史，使学生了解中国民族受压迫的来源及因果关系。二、注意解释帝国主义政治的、经济的、文化的各种侵略方式。三、指示学生注意时事，多出关于讨论时事的作文题，并演讲国内外所发生的问题及应付的方法。四、注意演讲国际关系，被压迫民族运动之趋势。五、指导学生或领导学生参与各种爱国运动，暴露军阀的罪恶，使他们与实际政治发生关系。六、注意农民问题，使学生了解农人的生活状况及解决方法"。在对学生的要求上，学校根据教育宗旨，规定了十条标准："一、为公服务的热忱；二、对团体公意的服从；三、做事有责任心；四、自己有主张；五、不自私自利；六、革除恶习的影响；七、规律的生活；八、对现代研究的注意；九、科学研究的态度；十、合理的反抗性。"②

湘江学校分为中学部和农村师范部。农村师范部是1924年9月增设的，它"专以养成农村学校教授人才，促进农村教育为宗旨"③，实际上即"预储农运人才"。农村师范部学生除学习普通师范应授科目外，还学习农业知识，如农业问题、农业经济、农村社会学、栽培常识、农村小学教育行政组织、农业实习等，并请郊区农民来校举行联欢会。湘江学校为适应当时党领导的农运斗争的需要，1927年初，农村师范部又办了一个农运讲习班。其课程主要有：唯物史观、社会科学概论、社会进化史、社会主义

---

① 陈树华：《回忆湘江学校》，中国革命博物馆党史研究室：《党史研究资料》1981年第4期。

② 姜梦周：《本校三周年之回顾》，《湘江》三周年特刊（1926年11月20日）。

③ 《湘江学校之农村教育》，1924年9月11日广州《工农旬刊》第6期。

史、中外近代史、政治地理及经济地理、资本主义与共产主义、帝国主义侵略史、中国政党史、中国民族运动史、劳动问题、妇女问题、国际政治经济情形、中国政治经济情形、苏俄状况、党的主义与政策、近代革命领袖及其生平的学说、群众心理、调查及统计技术工作等。学校设农村师范部和办农运讲习班，主要目的正如姜梦周所说：在"造就一班农民运动人才，到农村去做农民运动，组织农民，教育农民，使农民了解痛苦的来源，与求得解除痛苦的方法"。他认为这"在湖南教育为破天荒之第一举也"①。当时，湘江学校的教育，是以旧的形式掩护新的教学内容。在该校任教的教师有：姜梦周、夏明翰、陈章甫、罗学瓒、李维汉、谢觉哉、陈子展、曹典琦、黄衍仁等。他们在授课时，为了迷惑敌人，往往在黑板上写出"平民课本第 × 课"等标题，以掩人耳目，实际教授的却是革命内容。

何叔衡作为湘江学校的第三任校长，在任职两年多的时间里，竭尽全力办教育，为党培养和造就人才。他经常告诫学生说：革命不可能是一帆风顺的。革命的力量愈强大，反革命力量就会愈加疯狂地镇压革命。作为一个革命者要做到一个"信"字。"信"就是信仰坚定，在革命道路上不动摇，革命是要人头落地的，看你怕不怕？要做到真正不怕，就要在"信"字上下功夫。他还十分注意利用各种机会向学生进行革命教育。孙中山先生逝世时，何叔衡在学校召开的追悼大会上，首先登台演讲。讲话时，他泣如雨下，各同学都极悲哀的，也都要流起眼泪来。演讲的大意是：孙先生的精神百折不回，始终为革命，是为人民而奋斗。这时孙先生死了，是中国的国民革命的不幸；而又是东方弱小民族的大不幸。他的革命事业尚未成功，我们应更努力去做呵！只有这样，今天我们来追悼才有意义②。而后，何叔衡还亲自召集追悼孙中山先生的讲演队队长开会。要求各队队长召集每队队员开会，讨论每队应如何进行，及各种办法。并带领学生到街

---

① 姜梦周：《本校三周年之回顾》，《湘江》三周年特刊（1926 年 11 月 20 日）。
② 《贺尔康烈士的日记》，《湖南历史资料》1979 年第 1 辑，湖南人民出版社 1980 年版，第 39 页。

头宣传孙中山的联俄、联共、扶助农工的三大政策。何叔衡的言行使学生深受感动。

何叔衡平时待学生如父母，深得学生的爱戴。贺尔康是何叔衡在自修大学补习学校和湘江学校培养出来的学生，后来成为一名坚强的共产党员。贺尔康从小出身贫苦，读不起书。后来得到毛泽东的帮助，来到长沙进入自修大学补习学校，后又免费进入湘江学校读书，并一直在何叔衡的关怀教育下成长。从贺尔康1922年到1925年的日记中，可以看出何叔衡为党培养人才是如何的尽心，而教育学生又是怎样的严格。下面摘录的几段贺尔康的日记，充分展现了何叔衡育才的心情。

1922年10月6日今日是金曜日，天气晴。傍晚时，才到灯下读书。何先生唤我到房中，问我家之状况，又问我怎样要来读书？读书是为了什么呢？于是出一个题目给我来做："述我之家世及我之志愿。"我就写道：我将来之志愿，是要能为国家做事。先生看到这里，就对我讲："你将来想做官，还是想为国做事？但是，现在想为国家担任事的很多，这个国家不好到了这样，你还是想做官去弄钱吧？"我没有话回答。我的心思实不是想做官去弄钱。……

1925年3月11日晚间，何师遣余广云叫我去，便要我日记看。看了便问："我何时要你作日记？你今还只做得这两天，前几天做什么事去了？"又问道："你作了几篇文章？"我说还只作得□篇。他说："你到校已有三四周，怎么只作得□篇？懒吧！各位先生都说你读书不发狠，你岂就忘掉了当时初到船山来的那时候吗？你要懒惰还读书做甚么？今后我要来额定你做事，否则是我害了你。"后命我：1.定要每日作日记；一、练习有恒，二、整理思想；2.写字不潦草；3.每周无论如何须作两篇文；4.每日扫屋须定午后六时。

何师又痛骂了我这一会。他老素待我比待他的亲子还过，我现在能够在此读书，就都是承他老师的帮助，他老并对我有一个比天还大的希望——

104

是要我能去与这万恶的社会奋斗，去改造恶社会。前为他所大希望的我，今为他失望。他平日看我作事无能力、做事无胆量、无勇敢奋斗的精神，又骄傲、又老实、又说像女孩子一样怕丑，又懒惰，这不是要使他失望吗？所以，前日何师要我："一、多接见有学识声望之人；二、多发表自己意见；三、去羞涩态度；四、戒骄傲。"这是没有一点不对的，的确，我的行为性质确是如此，观察得的确，一丝都不错。

1925 年 5 月 27 日晚，何先生到房里细嘱一番，问我日记作了没有？读书的心得怎样？要我以后再不要去打球，早上不要去跑。这两件事是我最爱好的，好像吃鸦片的爱鸦片。他说："他不要我去做，无道理讲的，他有他的用意。"

"我没有崽——你初到船山来的时候，在那灯下读书，人人都注意你——我现在要把你似我的崽样教出来，我才放心！"何先生这样叮嘱我。

唉！他真如何的爱我啊！我的父亲那有如此呵！谁人的父亲对儿子有多少是这样呵！如何真实诚恳的话呵！此嘱是如何的须要放在心头；刻刻秒秒的记着，不应忘记，以自惩其身[1]。

湘江学校在何叔衡、姜梦周等人的努力下，使学校办成了革命的大本营，曾被誉为"湖南革命的先锋"。在湘江学校学习的学生，通过理论知识的学习和实际斗争的锻炼，在老师和党团组织的培养教育下，多数后来成为领导革命斗争的坚强干部。从农村师范部毕业的学生，绝大多数在大革命时期成为农民运动的骨干。宁乡县共有 28 人在农村师范部学习，他们毕业后都成为该县基层农运的领导者。据不完全统计，马日事变后为革命牺牲的湘江学校学生有 30 多人。

湘江学校不仅是向学生讲授马克思主义理论、传播新知识的地方，而且还是党的秘密工作机关。在这里任教的老师大部分都是中共党员，其中

---

[1] 《贺尔康烈士的日记》，《湖南历史资料》1979 年第 1 辑，湖南人民出版社 1980 年版，第 21、35—36、68—69 页。

很多都担负着党的各种领导责任。湘区委书记李维汉是该校校董，他经常到学校开会，布置工作。先后担任校长的易礼容、何叔衡和先后在校任教的夏曦、夏明翰、萧三都曾是湘区委（湖南区委）委员或常委。其他校董或任课教师如姜梦周、曹典琦、廖锡瑞、熊亨瀚、谢觉哉、陈章甫、王凌波、李六如等都是当时党的重要骨干。他们一边教书，一边以学校为党的活动机关，从事党的秘密工作，并注意在学生中发展党团组织。学校编辑股和学生会在 1925 年春创办了《湘江》半月刊，还出版了油印刊物《日光周报》。这些刊物为宣传革命理论开辟了阵地。

1927 年 3 月，根据湖南农民运动的迅猛发展，农村急需农运干部的形势，中共湖南区委决定停办湘江学校，让全体师生立即投入农运工作。湘江学校从开办到结束，中学部招生两个班（三年制），农村师范部招生 6 个班和一个农运讲习班，补习部招生 6 个班。全校共计培养学生 315 人。3 月 19 日，学校举行同乐会，宣告湘江学校正式结束。何叔衡在同乐会上发言说：湘江学校"现成为革命的策源地。所有的同学和教职员，正好比是酒药子，今后虽改编了，希望这些酒药子到各处发酵"[①]。事实也正是如此，从湘江学校毕业的大部分学生，没有辜负党和他们的校长何叔衡的期望，他们勇敢地战斗在工人和农民中间，同反动派进行着顽强的斗争。

开展工人运动

发动、组织工人阶级，开展工人运动，是中共湖南支部建立后，何叔衡同毛泽东等一道进行的又一项重要工作。这是中国共产党成立时确定的党的首要任务。

---

① 《湖南民报》1927 年 3 月 20 日。

1921 年 8 月，为了贯彻中共一大通过的《关于当前实际工作的决议》，党中央在上海成立了中国劳动组合书记部，作为领导工人运动的公开机关。为了落实中共中央的部署，同年 10 月，毛泽东、何叔衡等在长沙建立了中国劳动组合书记部湖南分部，毛泽东任分部主任。随后，湖南分部将党、团员骨干李立三、刘少奇、郭亮、毛泽民、罗学瓒、夏明翰、蒋先云、毛泽覃等，派到安源、水口山、粤汉铁路和长沙各产业、各行业中，创办工人夜校，宣传马克思主义，组织领导工人运动。这样，使党的重要骨干一开始就深入基层，也为他们提供了一个锻炼自己和提高工作能力的机会。

湖南工人运动的新起点，从 1920 年 11 月黄爱、庞人铨等人组织的湖南劳工会成立时开始。何叔衡与毛泽东指导工人运动也是从这时开始的。当时，劳工会召开成立筹备会和成立会，会场就设在何叔衡和毛泽东经常活动的地方，湖南通俗教育馆和湖南学生联合会。湖南劳工会成立大会通过的《湖南劳工会简章》，确定劳工会的宗旨是："改造物质的生活，增进劳工的知识。"1921 年 1 月 1 日改为："（1）贯〔灌〕输工人们一切应有的知识。（2）运动工人们回收剩余的价额。（3）提倡劳动者解脱牛马的生活。（4）改造社会一切万恶的制度。"① 劳工会设立评议、交际、教育、调查、出版、介绍、俱乐、会计 8 大部，黄爱任教育部主任兼驻会干事，庞人铨任出版部主任兼驻会干事。该会会员达 3000 余人。劳工会成立后，黄爱、庞人铨经常找毛泽东和何叔衡商议工会的活动。在他们的指导下，黄爱和庞人铨抛弃了无政府主义，接受马克思主义，加入了社会主义青年团。湖南劳工会于 1921 年 11 月下旬进行了改组，在毛泽东的建议下，"合议制"改为委员制，设立评议委员会和执行委员会，黄爱、庞人铨、张理全分别担任执行委员会书记部、宣传部、组织部主任。劳工会的基层组织也由原来职业组织的工团，改为按产业、行业组织的工会。

湖南劳工会改组后，黄爱、庞人铨领导的劳工运动，增加了政治斗争

---

① 长沙《大公报》1921 年 1 月 5 日。

的内容。12月25日，劳工会接受中共湖南支部的委托，与省学联共同发动长沙工人、学生和市民万余人，举行反对帝国主义共同宰割中国的太平洋会议的游行示威。黄爱、庞人铨分任大会主席和游行总指挥。黄爱在游行大会上发表演说时指出：那万恶的太平洋会议，是国际资本主义共同宰割中国的会议，我们要竭力反对。我们不但要把湖南的劳动团体坚强的团结起来，我们更要联合全世界劳动阶级，准备实行全世界的大革命！黄爱的革命号召，博得在场众人的热烈欢迎。领导这次群众性的游行示威，是改组后的劳工会组织的第一次大规模的活动，在湖南乃至全国影响很大。劳工会积极参与政治斗争，势力迅速增强，这使军阀赵恒惕越来越感到惊慌不安，视黄爱、庞人铨为眼中钉，积极筹划杀害黄、庞的阴谋。1922年1月13日，劳工会会员邹觉悟和萧石月等，为争取湖南第一纱厂厂方年终一月发给工人双薪，遭到华实公司资本家拒绝后，遂发动2000余工人罢工。随后黄爱、庞人铨从中调解，与华实公司谈判。华实公司为促使赵恒惕加害黄、庞，"以公司纯利五万元贿赵，而为杀黄爱、庞人铨之条件"①。1月16日深夜，黄爱、庞人铨与华实公司在劳工会协商调停罢工问题时，赵恒惕派军队包围劳工会，将黄、庞二人逮捕。因害怕工人群众抗议，未经审问，就于17日凌晨4时将他们押往浏阳门外斩首。据《血钟》记载："长沙浏阳门外洁白的积雪上，他俩为我们染得鲜红了！庞人铨一刀断脰；黄爱连砍三刀，头未断，两小时后，两目尚炯炯有光。惨呀，惨呀！诸君！惨么？他俩正对我们微笑着呢！"②

同年出生、年仅25岁的两位杰出工人领袖惨遭杀害的噩耗传出后，湖南各界人士无不义愤填膺。在毛泽东主持下，各界代表在船山学社举行了两次追悼大会，并发行纪念特刊。当时，赵恒惕将湖南的报纸严密封锁起来，不准刊登与此事有关的任何报道。为了揭露赵恒惕害怕引起公愤的

---

① 湖南省总工会、湖南省社科院历史所、湖南省档案馆编：《湖南工运史料选编》第1册，第91页。
② 《血钟》五一增刊，1922年5月1日。

阴谋，何叔衡与毛泽东商议后，何叔衡于3月启程奔赴广州，毛泽东则去上海。他们向社会各界广泛介绍黄爱、庞人铨被害经过，控诉赵恒惕迫害工人运动的罪行。一时间，全国掀起了追悼黄爱、庞人铨，抗议赵恒惕暴行的浪潮。一些大城市纷纷召开追悼黄、庞大会；上海、广州、北京的报纸陆续刊登了有关报道，使赵恒惕的丑恶面目大白于国人。5月16日，广东社会主义青年团，广东总工会等61个团体的代表5000余人，开会追悼黄、庞，并向孙中山请愿。孙中山接到请愿书后，接见了黄爱的父亲黄一尘，表示要出兵讨伐赵恒惕。全国性的悼念黄爱、庞人铨的活动，有力地打击了军阀势力，促进了湖南工人运动的发展。

何叔衡同毛泽东通过对湖南劳工会活动的指导，初步获得了开展工人运动的经验。1922年下半年，中共湘区委员会和中国劳动组合书记部湖南分部，先后组织领导了多次工人罢工斗争，形成了湖南第一次工人运动高潮。

1922年9月，粤汉铁路长沙至武汉段工人在湖南分部和武汉分部及其两地党组织的领导下，又一次举行大罢工。这是湖南第一次工运高潮的开始。这次罢工的导火线是：一次，武长段行车监工张恩荣带着鸦片上车，让工人阮康成照顾，阮没有应允，遭到张恩荣和苗凤鸣（翻译）的殴打。此时，加油工吴青山等买米回来，路见不平，扯住凶手，质问他们为什么打人。张即命令路警将吴青山等买的米全部没收，并诬陷他们偷米、偷煤。吴青山等回家后，将此事告诉了岳州工人俱乐部秘书郭亮。郭立即召集俱乐部成员开会，向粤汉路鄂段局长王世瑹提出抗议，再次要求革除工贼张恩荣和苗凤鸣的职务。王拒不答复，且令张恩荣开除了阮康成和吴青山。这件事激起广大工人的强烈愤慨，人人怒火中烧。

此时，郭亮认为组织罢工斗争的时机已经成熟，便征求毛泽东的意见，毛泽东同意郭亮的估计。随后，何叔衡受毛泽东派遣，立即前往武汉，与湖北党组织负责人及徐家棚俱乐部负责人林育南取得联系，决定粤汉铁路工人全线行动，共同领导这次罢工。9月5日，劳动组合书记部湖南分部与武汉分部以粤汉路全路工人名义致电北京交通部，要求三日内撤办张恩荣和苗凤鸣二人。但无答复。9月6日，粤汉路徐家棚、岳州、长沙、株萍四处的工人俱乐部，成立了粤汉路工人俱乐部联合会，以便加强团结，准备罢工。9月8日，粤汉路工人俱乐部联合会在岳州工人俱乐部开会，决定9日举行全体罢工。并向铁路当局提出七条要求：1. 张、苗二人革职，吴青山复职；2. 工人工资依京汉例，作工满二年者，改以日资计为月资计，病假仍给工资；3. 生火夫最低工资，每月应有12元，小工9元；4. 工匠过一年加工资，小工、帮工、学徒过半年加工资，工资应按月发给，不得拖延；5. 工人升职，应由旧工人依次升补，工人不得无故处罚，非犯路章到五次以上者，不得开除；6. 照给去年湘鄂战事时所允工人之双薪，以及此次罢工期内之工资；7. 司机、生火夫及机厂各项工人，应照京汉例给差费，请假回籍，应发减价联票，司机请假乘车，给二等免票①。同时发出宣言数百份，明确提出罢工的目的是解除压迫、维护团体、改良生活、提高人格，号召广大工人"为生存而奋斗，为人格而奋斗，不达到目的，誓死不止！"

9月9日，粤汉铁路工人开始罢工。各处工人俱乐部为了防止破坏机车，轮流看守机器。许多工人驻守在机修厂里，通宵达旦，往来巡查，使得企图破坏工厂和陷害工人的坏分子无机可乘。

这次罢工主要集中在鄂路段上。鄂段局长王世琦为镇压工人罢工，一面请来警察七署保安队30人及陆军二十五师一团步兵一连到徐家棚车站弹压；一面由张恩荣、苗凤鸣唆使参加"职工会"的落后工人接手开车，并派武装押运。从8日起，长沙开岳州、武汉的客货车和萍乡运煤至鄂的专车一律停运，而武昌开长沙的客货车仍然照常行驶。9月10日晚11时，鄂路段铁路当局又令"研究所"部分工人开车。"当有罢工工人百余人及

① 湖南省总工会、湖南省社科院历史所、湖南省档案馆编：《湖南工运史料选编》第1册，第208页。

工人家属之妇女幼孩等，群卧轨道上，不让车行，乃军警听局长之指挥，竟以惨无人道之手段，横拖直曳，肆行杀伤，儿啼妇哭，惨不忍睹。一时受伤者百余人，投水失踪者十余人，被捕者九人，受重伤者三十余人，受伤命危者八人。"[①]

　　这时，徐家棚发生惨案的消息还未传到岳州，岳州工人只知道有火车开来。9月10日晚，郭亮在岳州紧急动员，组织岳州站全体工人到站外的铁轨上，通宵守候。9月11日早晨，火车从远处驶来，愤怒的工人们在郭亮率领下，高举着"张、苗万恶""驱逐二贼""要求正当权利"的旗帜，迎阻火车。郭亮第一个卧倒在铁道上，也是卧在最前面的一个，工人们也一齐卧倒。火车司机王忠不敢向前行驶，随又后退。王世瑈驰摇车赶来，几次强迫王忠启动火车，向前开动。这时，郭亮奋不顾身，上前阻拦，并高喊："开车的工友，天下的工人都是阶级兄弟，你不能替官僚军阀杀害自己的亲人呀！"老司机顿时觉悟过来，他将火车向后退，停了下来。王世瑈无奈，只好打电话向萧耀南求援，萧当即"调来军队两连，将各工人以刺刀枪托，乱杀乱击，当时毙命者六人，重伤六十余人"。郭亮和俱乐部主任张万荣以及王忠、吴有青等37人被捕，押送武昌玻璃厂监禁，徐家棚和岳州两地惨案，工人被打死打伤和捕去共达200余人。面对敌人的屠刀，英勇的工人们没有屈服。岳州惨案发生的当天，粤汉路工人俱乐部联合会向铁路局提出四条要求：1.撤退弹压军队，并惩办行凶军警；2.革除并惩办王世瑈；3.从优抚恤死伤之工人及工人家属；4.完全承认工人前次提出之七条件。同时，联合会发出快邮代电，请求各界援助。毛泽东立即动员湖南各工会团体联合各公法团体及各界人士，援助粤汉路罢工工人。何叔衡根据毛泽东指示，再次到湖北，与湖北党组织和武汉分部联系，共同商讨营救被捕工人和坚持斗争的办法。新河俱乐部致电徐家棚总部，要

---

① 至愚：《一九二二年秋交通界三大罢工之原委》，长沙《商业杂志》第1卷第1号，1922年11月10日。本节下列所引同此。

誓死坚持到底，并派三位代表到徐家棚，协助指挥罢工斗争。9月13日，长沙工人、工余两俱乐部在总工会召开职员联席会议，议决援助办法，并在长沙《大公报》、上海《民国日报》等报刊上刊登援助粤汉路罢工工人的通电。工友励进社亦召开职员会议，商量援助粤汉路罢工事宜。

与此同时，粤汉路罢工工人得到了全国各地工人的支持。武汉全体工人在武汉工团联合会的领导下，奋起声援粤汉路罢工工人。京汉路南段工人俱乐部决定援助粤汉路工人，9月11日，通电总统、国务院、交通部、参众两院、洛阳吴佩孚及武昌萧耀南，要求必须立即"撤退压迫军警，撤办该路局长，抚恤被杀伤工人，允准工人要求，限十六小时示复，否则本路工人，一致行动"。后因邮局不敢收发，遂改用快邮，发出30余份。又派出代表11人，分别去京汉路北段及京汉、京绥、京奉、津浦、陇海、道清、正太、沪宁各路，请为粤汉路工人后援。京汉路的长辛店、郑州、信阳及陇海路洛阳等站工人，纷纷致电警告路局，限3日解决，否则与粤汉路工人一致行动。9月12日，京汉路南段工人俱乐部、扬子机器厂工人俱乐部、租界人力车工会、纱麻四局工人联合会、造币厂工人俱乐部等30余人，在汉口法租界召开联合会议，筹商一致援助粤汉工人办法。全国其他工会团体也纷纷来电声援。

湖南和湖北党组织还趁交通部次长劳之常来武汉平息罢工怒潮的机会，组织京汉、粤汉两路工人2400余人齐集江岸车站请愿示威。16日，又在大智门车站组织了一次声势浩大的示威。但交通部及粤汉路当局一直置之不理，一拖再拖，拒不答应工人要求。9月24日，武汉各工团及京汉、陇海各路工人代表千余人，在江岸扶轮工会开会，决定25日下午8时止，如粤汉路罢工还未解决，京汉路南段即于25日晚大罢工。

这时北洋军阀政府深感罢工风潮将要波及全国铁路，于是交通部和吴佩孚急忙于9月25日分别电令王世瑄，速将工潮解决。经过反复斗争，工人目的终于达到，罢工斗争取得完全胜利。何叔衡在这次罢工斗争中，协助毛泽东做了大量的工作。

此后，安源路矿、长沙泥木、水口山矿等 10 多处工人相继开展罢工斗争，他们在中共湘区委员会和劳动组合书记部湖南分部的领导下，最终都取得了胜利。

推动湖南实现国共合作

实现国共合作，建立革命统一战线，这是中国大革命时期阶级力量的一次大组合，它对民主革命起了很大的推动作用。何叔衡作为中国共产党和中共湖南党组织的创始人之一，在党刚刚创建时期，就已经注意到争取国民党的力量，共同进行革命的问题，并且开始为此而努力。

1921 年 8 月，何叔衡参加中共一大从上海回到长沙后，在与毛泽东共同致力于在湖南建党、办学、搞工运工作的同时，还同在孙中山的广州政府中任职的堂弟何梓林加强联系。何梓林是孙中山信任的下属。他早年出走福建投入清末新军，参加同盟会，曾参加辛亥革命、讨伐袁世凯等战役。此时他已由孙中山总统府侍卫武官调任粤军第二军第七旅（独立旅）第十四团团长（后为第七旅旅长、北伐军前支队司令），正率部讨伐广西军阀陆荣廷。何叔衡通过何梓林了解广东的政治、军事形势和孙中山的动态，何梓林向他详细地提供了有关当时广东的政治、军事形势，讨伐陆荣廷的进军路线，自己部队的人员编制情况和各级干部的姓名，孙中山的北伐打算等等。何叔衡根据何梓林提供的情况，认真分析了湖南在帝国主义压迫和军阀的残暴统治下，连年混战，天灾人祸，民不聊生的实情，迫切希望广州政府早日出师湖南，驱除军阀，解救湖南人民出苦海。何叔衡遂将湖南现状和自己的想法告诉了何梓林。

这时，讨伐广西军阀陆荣廷的军事行动进展很快。不足两月，广东的粤、赣、黔、滇各军在李烈钧、陈炯明等率领下，攻占广西，陆荣廷逃走，广西遂平定。于是，孙中山便"打算进军北方，以逐走所有的大督军与亲日派"①。1921年10月15日，孙中山出巡广西，准备取道湖南北伐。10月17日抵梧州，电召陈炯明来梧商讨北伐事宜。由于陈炯明另有企图，因而托词拒召。孙中山无奈只好亲赴南宁，因这次北伐主要是依靠陈炯明的粤军，而陈炯明对此事又始终不表态，因此孙中山为了取得北伐的胜利，决定亲自前往桂林指挥军队。12月4日，孙中山带领警卫团抵达桂林，整理军队，设立大本营，准备明春由广西入湘，而后大举北伐。

孙中山为取道湖南进行北伐，曾通过何梓林与何叔衡联系，要求何叔衡利用他在湖南的社会影响，帮助北伐军经湖南讨伐北洋军阀。何叔衡非常支持孙中山的这一行动。为了配合孙中山北伐，他答应在湖南进行以下几项工作：一、北伐军进入湖南后，利用1920年在衡阳地区团结、组织人民群众驱逐皖系军阀张敬尧，与当地人民结成的战斗友谊和与一些知名人士的交往，运动驻防湘南的唐生智部队起义，参加北伐。二、收购皖系军阀张敬尧由湖南溃退时遗弃的枪械，供给北伐军。三、广泛宣传揭露多年来军阀统治湖南给人民造成的苦难，动员湖南人民反对军阀统治，支援孙中山的北伐军队。

何叔衡为顺利进行上述工作，作了妥善安排。他派陈仲怡②、夏启能两人作为自己的代表，往返于湖南和桂林之间，直接与何梓林当面联系。同时通过书信往来，与何梓林互相交换工作进展情况。何梓林1920年11月4日至1922年2月19日寄给何叔衡的信件现存有28封。信中内容既反映了何梓林当时的思想、作战、支援何叔衡开展革命活动的经费情况，又提供了何叔衡在湖南为北伐军密购军械弹药，协助孙中山北伐的情况。

1921年8月25日信中说："林率所部，于八月十四日抵桂林，驻扎湖南会馆。"

---

① 《致咸马里夫人函》（1921年8月5日），《孙中山全集》第5卷，中华书局1987年版，第583页。
② 有的材料上写为陈振怡。

10月11日信中说："九月二十二日，夏启能、陈仲怡回湘，达否？甚念。"

11月7日信中说："顷接上月念日所发之函，并附陈、夏之函，得悉一切……陈仲怡、夏启能所作之事，恐久生变，反为不美，请饬暂勿起货，先交少许定钱，言定就是，不知高明以为如何？沈之行为将来有碍吾之进行。想另议别种办法。"

12月6日信中说："十二月四日由平乐抵桂林……启能之事，请嘱其稳妥行之，万不可招徭〔摇〕。孙（孙中山）许（许崇智）于四日已抵桂林，很受各界欢迎。子弹约万八九可到，出发之事，当在不远。起程时另有电先知，并再有妥人先行。足下在湘总宜随机应变，不可大意，或先期来永州亦好。"

12月11日信中说："湘中之事，请与之周旋联络，我军到时，助以弹饷，齐下武汉，何虑之不倒也。夏作之事，已与许公言之，云多多益善。已由广州寄洋伍百元交足下，请交壹百元与夏，以维持秩序。"

12月16日信中说："陈、夏，请切切言之。昨由广州黄知显兄处汇光洋五百元，不日可到。请再给壹百元与伊等，暂维持现状。"

12月26日信中说："许公电广州黄军需正处，由邮汇洋伍百元至湘交足下手收。请再给壹百元与夏启能，此作应用。许公派朱参谋名震先行回湘（汝城人），代表粤军一切与赵、宋、鲁、陈、罗各部商之。"

1922年1月6日信中说："今日午前八时接到足下客岁十二月三十日发手书，得悉一切。此间货物业已启运（按：'此间货物'指孙中山提供湖南起义军队的军饷和弹药，当时由何梓林派一营兵力护送至黄沙河），大约年底可到黄沙河。请与夏启能商酌，将所办各种货物先由湘乡羊角滩运送来永州更妥。将来铺面定设在零陵，如不能运，予拟回家一转，将货物夺定。不然，林不独无面目见总经理（即孙中山代称），且一生信用完全丧失耳。请足下切实调查有无变动。若有变动时，须救款为主，日后总经理追究，容易赔偿也。如能运来时，运费请先给壹百伍拾元为要。"

2月19日信中说："请与夏启言之，忍耐坚持。商标一定要有，起码费也不可少的。此货现已运到何处？请随时函复为盼。"①

1922年2月3日，孙中山以大元帅名义颁发动员令，饬各军分路出师北伐。李烈钧率滇、黔、赣各军为第一路，兼攻赣南和鄂东。许崇智率本部粤军为第二路，联合湘军出湖南，直攻武汉。2月12日，北伐军前锋部队分别进入湘境。孙中山为反对主要敌人直系军阀，便与张作霖、段祺瑞合作，形成反直三角联盟。然而在此关键时刻，陈炯明与直系军阀吴佩孚暗中加紧勾结，进行多方面的破坏活动，指使湖南军阀赵恒惕拒绝北伐军过境。3月21日傍晚，陈炯明又指使他的一个营长陈少鹏买通奸细，在广州大沙头广九车站将孙中山的得力干将、粤军参谋长兼粤军第一师师长邓铿暗杀。同时还从经济上限制和刁难北伐军，拒不调拨北伐军粮饷军械长达半年之久。于是孙中山取道湖南进行北伐的计划受阻。孙中山即刻通过何梓林急电邀请何叔衡赴桂，共同商讨对策。

据《谢觉哉日记》载：3月24日，"午后四时饯叔衡南行，在锦华肇摄影，曲园小宴，与者济生、一凡、羽阶。"3月28日，"叔衡赴桂"。他由长沙起程，经衡阳、零陵、全州等地，沿途考察社会情况，联络有关人士，于4月中旬到达桂林。4月13日，谢觉哉接到何叔衡的信，信中告知"孙陈不慕梓林调归桂林"。5月3日，谢觉哉又接何叔衡从桂林来信，"知前数信均未接到，云近日可到广州"②。

何叔衡到达桂林后，会见了孙中山、廖仲恺、许崇智等人，就北伐取道湖南问题进行磋商。何叔衡详细介绍了湖南的社会情况和革命形势，而后共同讨论了北伐取道湖南的一些具体问题。后由于"陈炯明诱惑湖南当局，多方阻遏"，孙中山决定改道江西北伐，将桂林大本营迁移到广东韶关。湖南方面暂不行动，要求何叔衡继续协助在湖南联络革命力量，待时

① 转引自王兴刚：《何叔衡协助孙中山北伐的一则史实》，《湖南党史通讯》1985年第11期；于松：《何叔衡一九二二年协助孙中山北伐的一则史实》，《党史研究》1985年第5期。
② 《谢觉哉日记》上册，人民出版社1984年版，第85、89、94页。

机成熟，北伐军再进入湖南。这时何梓林已担任北伐军前支司令，部队在湖南边境的道县、永州一带整训待命。4月22日，孙中山到达广州。5月6日，孙中山离广州赴韶关督师北伐。在这期间，何叔衡又在广州、韶关会晤了孙中山、廖仲恺、许崇智等人，并协助何梓林整训部队。他在桂林时，曾写了一首期望北伐取得胜利的四言诗赠给何梓林。诗云：

> 胸罗紫电，气吐长虹。
> 驰马试剑，自西徂东。
> 其蹄何疾，得意春风。
> 犁庭扫穴，痛饮黄龙①。

5月6日，北伐军分左中右三路向江西进发，谋取赣州。5月下旬，北伐军先后克复南安、崇义、信丰、南康。6月13日克复赣州，15日进逼吉安，江西督军陈光远闻讯潜逃。这时，陈炯明叛变的步伐加快。6月16日，陈炯明公开发动武装叛乱，围攻总统府，炮击孙中山在观音山的住所粤秀楼。8月，孙中山赴港转沪。至此，孙中山多年惨淡经营的第一次北伐，由于陈炯明的叛变而未能实现。

当北伐军向江西进军时，1922年7月，何叔衡取道赣南回到长沙。后来张祝华回忆说："梓林曾向他谈到：孙公对叔五（即何叔衡）十分赞赏，说此人诚笃见远，洞悉湘省动静，所述各节，均多可行。"②

1922年11月12日，何梓林率部在福州外围水口与北洋军阀福建督军李厚基主力激战中，中弹牺牲。11月中旬，何叔衡作为死者家属代表到福州参加何梓林追悼会，与廖仲恺再次在福州会晤。返湘途经上海时，又专程访晤孙中山、廖仲恺，进行了商谈，并接受孙中山、廖仲恺为何梓林亲笔书写的挽词"为国捐躯"和"气壮山河"。1923年1月，何梓林遗体运

---

① 于松：《何叔衡一九二二年协助孙中山北伐的一则史实》，《党史研究》1985年第5期。
② 于松：《何叔衡一九二二年协助孙中山北伐的一则史实》，《党史研究》1985年第5期。

回湖南宁乡安葬，何叔衡在主持家祭时，痛哭陈词，深以未能实现当年假道湖南北伐的计划为遗恨。祭文中有："……聚首桂林，初塑鼎形，湘局付托，心愿两违，有负教命，内疚良殷，……原期咫尺之途，竟成千里之遥……"等语①。

何叔衡在一年多的时间里，以共产党人的身份协助孙中山北伐，争取国民党的力量，为反对封建军阀做了大量工作，这为日后在湖南实现国共两党的第一次合作，打下了良好的基础。

1923年6月，中国共产党在广州举行第三次全国代表大会。大会接受共产国际关于同国民党合作的主张，决定同国民党的联合战线采取党内合作的形式，"共产党党员应加入国民党"，"努力扩大国民党的组织于全中国，使全中国革命分子集中于国民党"②。同年11月，中共三届一次中央执行委员会会议通过的《国民运动进行计划决议案》，对如何扩大国民党组织作出具体部署。《决议案》指出："国民党有组织之地方，如广东，上海，四川，山东等处，同志们一并加入。""国民党无组织之地方，最重要的如哈尔滨，奉天，北京，天津，南京，安徽，湖北，湖南，浙江，福建等处，同志们为之创设。"③根据中共三大精神，中共湘区执行委员会积极进行重建湖南国民党组织的工作。此时中共湘区执行委员会书记为李维汉，何叔衡、易礼容、郭亮仍为委员。

湖南早已建有国民党支部。1912年10月，宋教仁为组织国民党的内阁，派遣仇鳌回湘筹组"国民党湘支部"，竞选议员。1913年3月，袁世凯指使洪祖述杀害宋教仁后，仇鳌离湘，国民党湘支部即有其名而无其实了。1921年，孙中山派覃振整理中国国民党湖南支部。1923年，国民党

---

① 于松：《何叔衡一九二二年协助孙中山北伐的一则史实》，《党史研究》1985年第5期。
② 《关于国民运动及国民党问题的议决案》（1923年6月），中央档案馆编：《中共中央文件选集》第1册，中共中央党校出版社1989年版，第147页。
③ 《关于国民运动及国民党问题的议决案》（1923年6月），中央档案馆编：《中共中央文件选集》第1册，中共中央党校出版社1989年版，第200页。

湖南支部由律师邱维震负责。当时湖南因受北洋军阀的统治和镇压，邱维震是唯一幸存的国民党员，以后国民党湖南支部再也没有开展活动。

关于实现国共合作，共产党员以个人名义加入国民党的决定，1922 年8 月中国共产党中央执行委员会在杭州西湖召开的会议上就已经作出。当时，中共湘区执行委员会根据西湖会议精神，在 1923 年初即开始酝酿帮助国民党重新组建湖南地方组织的问题。他们提出一个从组织国民党入手进行政治运动的计划，派夏曦、刘少奇赴上海，经国民党中央总务部副部长林伯渠介绍参加了国民党。4 月 7 日，夏曦、刘少奇受国民党中央派遣，回湖南筹组国民党湖南地方组织。同年夏，国民党中央党部派覃振自广州来湘活动。他带来了毛泽东给李维汉的信件，要求中共湘区执行委员会协助覃振开展国民党工作。覃遂将邱维震介绍与李维汉、何叔衡、夏曦相识。此后，他们经常一起商议在湖南筹建国民党事宜。并决定设立筹备处，初由何叔衡负责，不久根据国民党总部意见，改由夏曦负责。

何叔衡与夏曦经过一段时间的筹备，9 月底，国民党湖南总支部成立，辖长沙、安源两个分部。总支部内设总务、党务、财务、宣传、交际五科，由夏曦、何叔衡、邱维震、李维汉、李六如负责。长沙分支部由夏曦任支部长。安源分支部由刘少奇任支部长。

此后，中共湘区执行委员会根据中共中央一系列指示，进一步为健全国民党湖南党组织而积极工作。12 月 25 日，中共中央发出第十三号通告，要求"有国民党组织之地方，同志们立时全体加入；没有国民党组织之地方，望即将同志非同志可加入国民党之人数及何人可以负责，报告中局，以便中局向国民党接洽，请其派人前往成立分部"。"在国民党已有组织之地方，本党地方会应即与 S.Y.（社会主义青年团简称——作者注）地方会合组国民党改组委员会，以主持目前即应进行诸事。"① 为了落实中共中央

① 《关于国民运动及国民党问题的议决案》(1923 年 6 月)，中央档案馆编：《中共中央文件选集》第 1 册，中共中央党校出版社 1989 年版，第 211 页。

这一指示，中共湘区执行委员会首先在共产党员、青年团员较为集中的长沙、安源大力发展国民党组织；设立国民运动委员会，由夏曦主管；召集长沙、安源国民党分支部会议，推选毛泽东、夏曦、袁达时为出席国民党第一次代表大会的代表。

何叔衡与李维汉、易礼容、郭亮等组成的中共湘区执行委员会，还为贯彻 1924 年 2 月中共三届二次执行委员会会议精神，提出了《国民运动进行计划》。其主要内容是：组织国民党湖南省党部和各重要县市党部；吸收有觉悟、有组织和宣传能力的分子加入国民党；一切社会运动统一于国民党之下；创办一种出版物等。该计划的重点是正确规定了共产党与国民党的关系，即共产党在国民党中为秘密组织，共产党应取得中心地位。

在何叔衡同李维汉、夏曦等共产党人的帮助下，湖南的国民党组织不断发展。4 月，中国国民党湖南临时省党部执行委员会成立。何叔衡与夏曦、李维汉、邱维震、李达、郭亮、罗宗翰、李六如等为执行委员会委员，何叔衡任常务委员兼管财政工作。5 月中旬，湘区的共产党员已全部加入国民党，社会主义青年团团员加入者达十分之八。共产党员和青年团员在发展国民党基层组织中起了决定性的作用。经过一年多的努力，国民党在湖南 17 个县市建立了组织，共有党员 2754 人。按照国民党中央《各省党部进行计划决议案》规定，一个省有 5 个以上县市党部者，可组织正式的省执行委员会，湖南已完全具备条件。1925 年 5 月 25 日至 6 月 1 日，临时省执行委员会在长沙岳麓山蔡锷墓庐秘密召开了第一次全省代表大会，正式成立了国民党湖南省党部。何叔衡当选为国民党湖南省党部第一届监察委员。国民党湖南省党部的建立，标志着湖南第一次国共合作的实现。

国民党湖南省党部建立后，何叔衡主持的湘江学校即成为省党部经常开会的地方。何叔衡这时则更加繁忙，他除了在长沙参与省党部的领导工作外，还经常奔走全省各地，帮助建立和整顿国民党的组织。1924 年国民党一大后，他在宁乡指定共产党员许抱凡和梅冶成负责民运工作，注意在农民中发展国民党员，秘密组织国民党。何叔衡还介绍他的好友王凌波加入国民党，并动员徐特立加入国民党。当时，徐特立刚从法国回来，何叔衡曾与他推心置腹地谈过一次话。何叔衡希望徐特立参加到国民党里去改造国民党，共同努力促进国民革命。徐特立回答说："我在辛亥革命时曾参加过国民党，但自辛亥革命失败以来，看的事实多了，视一切资产阶级政党为狐群狗党，只求一党私利，只求个人升官发财，因此不愿与之为伍，也就脱离了国民党。近年来，共产党崛起，尽是青年有为的优秀分子，且有彻底的革命性，我觉得自己已成老朽，思想自然跟不上去，没有资格加入，但我对共产党内的优秀青年是钦佩的。现在，你劝我参加国民党，一起来促进国民革命，我愿加以考虑。"① 不久，徐特立也加入了国民党。何叔衡主持的湘江学校，吸收了一些有觉悟的进步学生加入国民党，并成立了一个特别区党部。1925 年 5 月，他还到常德帮助整顿和改组国民党组织。

正当何叔衡积极为统一战线工作而奔波时，同年 8 月 20 日，国民党左派领袖廖仲恺被刺身亡。何叔衡闻知此事，义愤填膺，随即代表湖南省党部，挥笔疾书挽联一副，亲赴广州，参加吊唁。联中云："所悲未竟平生志"，"奋斗唯期后死人。"② 以此表达他继续坚持反帝反封建斗争的决心。此事刚刚过去，11 月，中华全国总工会副委员长刘少奇因患肺病，同妻子何宝珍回湖南养病，住在长沙文化书社。12 月 16 日，军阀赵恒惕的戒严司令部将刘少奇逮捕。于是，何叔衡又投入到营救刘少奇出狱的活动中。12 月 17 日，何叔衡与肖述凡等将刘少奇被捕的消息通过长沙《大公报》向各界披露，以防敌人暗中加害，并动员社会舆论声援。该报载："上海总工会总务部主任刘少奇，近患肺痨，日前偕其妻室回湘养病。昨日下午一时，刘往贡院西街文化书社购书，入门不一刻，突来稽查二人，徒手兵一名，扭往戒严司令部。至其被捕原因，尚不得知。""闻刘系宁乡人，曾肄业于长沙明德学校，近年居沪，为各项群众运动之领袖云。"消息报道后，中华全国总工会、中

---

① 长沙师范学校著，陈志明执笔：《徐特立传》，湖南人民出版社 1984 年版，第 82 页。
② 《廖仲恺先生哀思录》，三民出版部印行，第 13 页。

华全国铁路总工会、全港罢工委员会及国民党河南焦作市党部、河南焦作煤炭工会、道清铁路工会、河南焦作厨师工会纷纷发表通电，呼吁援救刘少奇。湖南学生联合会与中国济难会湖南省总会联合召集湖南各群众团体代表会议，决定向政府保释刘少奇等。在社会舆论的强大压力下，经各方设法营救保释，赵恒惕不得不将刘少奇释放出狱。

在国民党湖南省党部的积极努力下，国民党组织迅速扩大。党员中农民和乡村教员、知识分子成分增多。1925年，全省国民党员2700余人中，农民仅有数名。到1926年12月，农民比例大增，全省党员发展到8万余人，农民党员有11727人。到1927年马日事变时，全省国民党员已达到16万人以上，农民居多。据1927年3月统计，全省有县党部74个（当年有75县）、市党部8个，特别区党部6个，还有一个省党部的派出机构——湘西党务办公厅。至此，全省国民党组织的发展达到高峰。

湖南国民党组织得以重建以至在几年中发展如此之快，完全是共产党人帮助的结果。1943年，周恩来在重庆中共中央南方局干部学习会上作《关于一九二四至二六年党对国民党的关系》的报告中就曾指出："各省国民党的组织，也由于我们同志的努力而建立和发展起来。""是我们党把革命青年吸引到国民党中，是我们党使国民党与工农发生关系。"[1] 在谈到当时各省国民党的主要负责人大都是中共的同志时，湖南就举了何叔衡和夏曦。

在湖南以国共合作为基础的统一战线建立后，中共湘区执行委员会坚持共产党对统一战线的领导。1925年11月，中共湘区执行委员会扩充了领导成员，并改称为中共湖南区执行委员会（简称湖南区委）。何叔衡仍为委员。当时，中共湖南区委对国共合作统一战线的领导，主要表现在组织领导和政治领导两方面。在组织上，共产党员掌握了国民党组织的领导权。据45个县市统计，有31个县市党部掌握在共产党员手里。随着形势的发展和国民党左派队伍的扩大，中共湖南区委与国民党湖南省党部商议，组织省党部第

---

[1] 《周恩来选集》上卷，人民出版社1980年版，第112—113页。

二届执委和各县市党部或筹委会改组时，共产党员让出部分党部常务委员职务，由国民党左派担任。据 45 个县统计，有 26 个县由国民党左派任常务委员。各级党部的宣传部长、商民部长、监委等职，多由国民党左派担任。但组织、工人、农民、青年、妇女部长，一般仍由共产党员担任。中共湖南区委还在国民党省党部内组织了党团，这为实现共产党对统一战线的政治领导提供了可靠的组织保证。在政治领导上，主要是用共产党的方针政策影响国民党，以推动国民革命运动沿着正确的方向发展。

1925 年 12 月，中共湖南区委组织发动群众开展了驱逐反动军阀赵恒惕出湖南的运动。在这场斗争中，国民党湖南省党部起了很大作用，体现了国共合作后的优势力量。1926 年 1 月，何叔衡、谢觉哉、夏曦和郭亮等动员省垣 457 个团体，向全国发表《对于最近时局之通电》，提出"国民自决" 12 条，号召全省一致打倒奉、直军阀，驱逐赵恒惕。在人民强大的驱赵呼声中，赵恒惕的部属发生了分化，第四师师长唐生智开始了倒赵行动。由于唐生智的倒赵行动有利于湖南人民驱赵，因而中共湖南区委和国民党湖南省党部一方面派人去衡阳与唐生智联络，一方面充分发动群众，召开几万人的市民示威大会，大造声势。在多方配合下，3 月，湖南人民的驱赵斗争取得胜利。

唐生智率部进驻长沙后，4 月中旬，赵恒惕的主力叶开鑫以"讨赤讨唐"名义反攻长沙，中共湖南区委随之转入发动群众，援唐伐叶的斗争中。当唐生智因战局不利决定撤往湖南时，国民党湖南省党部成员何叔衡、夏曦、郭亮、王基永、熊亨瀚、曾三、曹羽仪、凌炳组成八人代表团，奉中共湖南区委指示，随唐生智到衡阳，以继续在政治上帮助唐生智，坚定其参加国民革命的立场，并援助唐军抗击叶部，以稳定湘南战局。后来，何叔衡等八人代表团和唐生智在衡阳组成了国民党湖南省党部特别委员会，领导湘南一带的工农运动，支援唐生智军队反对叶开鑫的战争。由于特别委员会在唐军中进行了大量的政治工作，促使唐生智归附了国民政府，唐军加入了北伐军行列。1926 年 7 月，北伐军攻克长沙，叶开鑫部被迫撤离，长沙光复。何叔衡随北伐军由衡阳回到长沙，并立即投入到发动群众支援北伐的行列中。湖南人民在中共湖南区委、国民党湖南省党部和省工团联合会的组织和号召下，掀起了支援北伐的热潮。

湖南实现国共合作后，在领导人民进行驱赵援唐伐叶支援北伐的进程中，何叔衡作为中共湖南区委委员，同时又是国民党湖南省党部成员，在这期间做了大量的工作。

1926 年 8 月，国民党在长沙举行第二次全省代表大会。何叔衡参加了大会，并被选为第二届监察委员。这次大会在共产党员和国民党左派占绝对优势的情况下，通过了关于开展湖南农、工、商、学、妇运的决议案，发表了扶助工农运动的第二次代表大会宣言。这次大会促使全省的工农革命运动和其他群众运动一齐走向高潮。

第五章

风云际会的五年

国共合作破裂奔赴上海

1926 年 10 月，继国民党湖南省第二次代表大会后，中共湖南区委召开了第六次代表大会。这次大会的突出功绩是发表了一个符合湖南革命斗争实际的宣言，成为指导湖南工农运动的政纲。这个宣言一是提出了建立民主政权的目标和途径；二是提出了工农目前最低限度的 55 条要求。这 55 条要求，其中政治上的要求 16 条，包括工农有言论、集会、结社、出版、罢工、抗租自由；工农有武装自卫之权；制定劳工保护法和农民保护法；乡村自治权交乡民会议，自治机关及一切公益机关均由乡民大会选举；县政府改委员制，由人民选举。经济要求 36 条，包括绝对禁止重利盘剥，限制最高利率；改良雇农待遇，废除苛捐杂税，扫除厘金积弊，没收逆产；规定最低工资；等等。还提出了普及义务教育等教育方面的要求。55 条要求，既是工农群众为自身解放而奋斗的纲领，也是测验政府是否真正拥护民众利益，是否忠实于革命的标准。1927 年 2 月，在中共湖南区委、国民党省党部、省政府及工农商学等群众团体代表举行的联席会议上，制定了《湖南省行政大纲》，将 55 条发展为工、农、商、学、兵、政、党等共同遵循的 9 款 112 条行政大纲。这个大纲比较全面地反映了湖南各阶层人民的革命要求，维护了人民的权益。

国民党湖南省第二次代表大会和中共湖南区委第六次代表大会的召开，对湖南人民革命斗争起了巨大的推动作用。革命斗争形势蓬勃向前发展，使何叔衡的心情更加兴奋，工作特别起劲。他以中共湖南区委委员和国民党湖南省党部监察委员的身份从事各项工作。他曾先后担任湖南省法院（即控诉法院）陪审员、惩治土豪劣绅特别法庭成员、省中山图书馆馆长、水口山矿局监理、《湖南民报》馆馆长及中国济难会湖南总会执行委

何叔衡

员兼财务委员等职。由于他在工作中始终旗帜鲜明、无私无畏、积极负责、严肃认真，因而在群众中威信很高，就连当时的国民党人士也对他称赞不已。1926 年 10 月，何叔衡以国民党省党部监察委员和水口山矿局监理的身份，到水口山传达党关于大力开展农民运动的指示与发展国民党的党务时，受到工人群众的热烈欢迎。在该矿国民党员举行的欢迎会上，主持会议的陈章甫特别介绍了他的简历及革命精神，称赞他"足为党员模范"。

就在何叔衡与其他共产党人共同为迅猛发展的革命形势而努力斗争的时候，一股反革命逆流向湖南大地袭来。1927 年春，以蒋介石为代表的国民党新右派，为加速实现反革命政变的步伐，先后在赣州、南昌、九江、安庆等地制造反革命惨案，摧残革命力量。3 月 26 日，蒋介石到达上海后，立即和帝国主义、买办资产阶级进行反革命策划，于 4 月 12 日在上海发动了反革命政变，疯狂逮捕、屠杀工人领袖和革命群众。4 月 18 日，蒋介石在南京建立了大地主大资产阶级联盟的反革命政权——南京国民政府。

蒋介石的公开叛变，使湖南的反动势力蠢蠢欲动，反革命组织的活动日益猖狂。四一二反革命政变以前，湖南拥蒋的反动组织有刘岳峙、詹先甲等组织的"左社"，李纹等为首的"拥蒋捧喝团"，彭健初的"三爱党"，还有地主豪绅在各地组织的所谓"保产党""保产会""士绅会""巩富党"等。这些反动社团的共同目标就是反对孙中山提出的"联俄、联共、扶助农工"的三大政策，镇压风起云涌的工农运动，抵制轰轰烈烈的大革命，维护帝国主义、封建军阀、贪官污吏、土豪劣绅的反动利益。对于"左社"的反动面目，湖南共产党人曾联合国民党左派予以揭露，但"左社"的反革命活动并未收敛。四一二反革命政变后，各地"左社"分子造谣惑众，"以农运足以减少税收来挑拨政府，以农运足以阻滞军饷来挑拨军队，以农运非国民革命来挑拨国民党，希图政府、军队和国民党，对农运发生恶感，把一般失业农民镇压下去，他们好有反抗和破坏的余地"。于是，各种反动组织疯狂向农民运动进行反扑。土豪劣绅勾结团防土匪惨杀工农事件日益增多。据不完全统计，四一二反革命政变前后，被惨杀的工农在数百人以上，伤者不计其数。当地的土豪劣绅、不法地主和贪官污吏，在农民革命的打击下，纷纷逃到长沙、汉口等城市，有的人钻入北伐军，寻机反扑。他们在北伐军中大肆散布"湖南农民运动幼稚，到处侵害革命军人家属"，诬陷"湖南工农阻运军米，反对招兵"，诬蔑湖南农民运动是"共产共妻"运动，"兵士6个月不回家，妻子便由农协共去"，"某军长、师长家产被充公，父亲被杀害"。他们私刻农民协会图章，将士兵寄回家的饷银领走，却诬蔑"农会没收了官兵寄回家的饷金"，等等。

在反动组织、土豪劣绅的肆意挑拨下，北伐军中的许多反动军官，出于本阶级的利益，本能地接受了这种反动宣传。一批反动军官已按捺不住对农民运动的仇恨，伺机发动反革命叛乱的欲望极强。再加上两湖地区北伐军中那些投机革命的反动军官，内外勾结，制造政治谣言，蛊惑人心，说什么"武汉的国民政府倒台"了，"汪主席坐飞艇逃走"了，"鲍顾问枪毙"了，"唐总指挥被部下软禁于信阳"，"工农军要缴革命军的枪"等等。这些谣言使长沙城内人心惶惶。

这时，在唐生智第四集团军任职的第三十五军军长何键，由于顽固坚持封建地主阶级的立场，反对孙中山的三大政策，对工农革命怀有刻骨仇恨，因而他始终在窥测时机。四一二反革命政变后，他感到时机来临了。4月底，何键利用唐生智督师河南前线的机会，在汉口召集了一次高级军事将领会议，密商发动反共军事政变的计划。参加会议的有第三十五军副军长叶琪、第八军军长李品仙、第三十六军副军长兼代湖南省主席周斓和鄂军第一师师长夏斗寅等。密商的结果是，政变首先在湖南发动，夏斗寅在鄂东南响应，而后何键、李品仙在武汉相继举事，以完成他们"两湖并举"的"清党"反共大业。

由于何键在长沙没有自己的直属部队，于是便以武汉没有适当驻地为由，将第三十五军学生队移驻长沙训练，并乘机将学生队扩充为教导团，派第三十五军军部中校参谋余湘三作为他在湖南具体策划叛乱的代理人。

在何键等人加紧进行反革命叛乱的时候，5月上旬，中共湖南区委根据中共五大通过的《中国共产党第三次修正章程决议案》精神，将中共湖南区委改称为中共湖南省委员会。由于李维汉调任中央组织部长，湖南省委书记由夏曦接任，何叔衡、郭亮、易礼容、杨福涛、张汉藩、肖石月、陈佑魁、戴晓云等11人为省委委员。当时，由于陈独秀右倾机会主义错误的影响和武汉国民党中央的钳制，中共湖南省委对统一战线内部中共与国民党矛盾日益激化，工农群众与代表地主豪绅利益的反动军官之间矛盾已达沸点，以及湖南反动势力的反扑等严峻形势，缺乏清醒的认识和应有的思想准备。

而此时何键等人的政变计划也在紧锣密鼓地进行。5月初，余湘三抵长沙，立即将何键的"清党"反共阴谋详告当时任湖南省政府军事厅长兼代主席的张翼鹏。后经第三十五军长沙留守处主任陶柳推荐，将独立第三十三团许克祥部从湘乡、湘潭调来长沙，作为发动叛乱的主力部队。5月13日，夏斗寅在宜昌叛变。接着，余湘三等人策划的长沙叛变计划也已确定。5月中旬，临湘反动派控制的团防局，接到长沙密令，突然袭击县城，县委领导李中和及县妇女会长黄淑在撤退和转移途中，惨遭敌人杀害。临湘惨案发生的当晚，益阳惨案发生，何键部一个营在益阳强行占领县总工会、县农协，收缴工农自卫军枪支，惨杀工农群众多人。5月19日晚，第三十五军留守处诬称工人纠察队企图抢劫驻军枪支，将途经该处的工人纠察队员包围缴械。5月21日晚，叛军1000余人在许克祥的指挥下，分兵向长沙市各革命机关进行突然袭击，马日事变爆发。叛军在长沙城内整整屠杀了一夜，据不完全统计，被击杀的共产党员、国民党左派人士和革命群众共100余人，被捕者40余人，被临时拘押的无法计算，整个长沙城笼罩在一片白色恐怖之中。

马日事变时，何叔衡正在宁乡林山寺、五里堆、石板上等地指导农民运动。他是在蒋介石发动四一二反革命政变后，专程回宁乡动员农民反对蒋介石，帮助区乡农协整顿农民武装的。当时，宁乡的农民自卫军是由原来的团防局武装改造过来的，不仅有梭标、大刀，也有一定数量的枪支。其中的骨干有谢南岭、喻东声和何叔衡的外甥陈仲怡等。何叔衡到来后，帮助他们加紧训练自卫军；与他们一起开会，共同研究如何巩固武装，随时准备抗击敌人的斗争策略，布置应变措施等。

马日事变发生后，何叔衡立即从杓子冲赶到宁乡县城。他在县城西门口碰到熟人后，才得知长沙城内情况十分严重，革命团体、机关全部被捣毁，革命者的鲜血染红了长沙的大街小巷。何叔衡为了尽早找到党组织，反击反革命逆流，将自己的生命置之度外，立即化装，星夜赶往长沙。

5月23日凌晨，何叔衡从溁湾镇乘船渡湘江进城。他目睹倒在血泊中的革命者的遗体，强忍着巨大悲痛与满腔愤怒，穿过大街小巷。当走到戥子桥时，他被一群士兵逮捕，当即被押到小吴门外一处戒备森严的密室中审讯。敌人看他的外表，不像一个革命者，从他花白的头发和胡子，以及苍老的容颜和言谈举止看，很像一个乡村老学究。敌人审讯时，何叔衡临危不惧，依然以一副老学究的样子对付敌人。当敌人问他的姓名和职业时，他回答说："门下弟子皆称吾张贤师也。"接着便摇头晃脑一字不漏地背诵起《论语》来。敌人有点不耐烦地打断他的背诵，接着又问他："你知道什么是国民党和共产党吗？"他说："吾乃学者，焉能不知！吾知之甚详也。""那么，你把所知的谈一谈看看。"他故意荒唐地说："国民党即三民主义是也，共产党乃五权宪法之倡导者。"引得敌人哄堂大笑起来。接着他又说道："子曰：学而时习之，不亦悦乎，温故而知新，古今恒也，非戏言哉，君勿笑矣。"敌人以为何叔衡真是一位"真正的私塾先生"，便呵斥一声："别啰嗦，滚出去！"就这样，何叔衡被从审讯室里赶了出来。待反动当局发现这位"私塾先生"就是他们要捕的"共党首领"何叔衡时，急忙围城搜捕，但为时已晚，何叔衡已走得无影无踪了。

有一天，在长沙女师读书的何实嗣，偶然在街上遇见父亲。只见他戴副黑眼镜，穿件蓝布短衫，提个鸟笼，装做算命先生。父女见面，不敢交谈，何叔衡塞给女儿一张小纸条就走开了。何实嗣按照纸条上的地址找到韭菜园李著尚（何叔衡的学生）的家，在这里听父亲交待了一些注意事项，就各自分开了。

何叔衡在长沙很快找到了自己的同志。首先在长沙东乡夏明翰爱人的家里见到了谢觉哉，后来又找到了易礼容。这时，湖南党组织也发生了变化。根据中共中央6月24日的决定，新的湖南省委组成，毛泽东任书记，何资深、夏明翰、李植、林蔚为常务委员。不久，省委根据中共中央指示，通知何叔衡转赴上海。

何叔衡首先到达武汉中共中央机关，那里的形势也很紧张，马路上出现了反共标语。据当时担任上海到武汉的地下交通员顾玉良回忆："7月初，我到达武汉，……那时，中央正准备迁回上海，并派何叔衡先去筹备。二、三周后，我便与何叔衡一起回上海。一到上海，我们住进了旅馆，然后由我找到沪中区委书记赵容（康生），告诉他何叔衡已来上海，请组织上派人来联系。不久，省委就来人把何叔衡接走了。"①

1927年9月底至10月初，中共中央领导机关陆续从武汉迁往上海。随后，何叔衡根据党中央指示，在上海开始从事党的地下工作。他与谢觉哉、徐特立、毛泽民、恽代英、熊瑾玎等同志一道，克服重重困难，很快筹办起党的聚成印刷公司。这个公司对外公开营业，承印商标、簿记等业务，对内专门印刷党的文件和刊物。何叔衡任该公司经理，主持印刷公司的工作。同时，他还担任上海济难会书记。

中国济难会成立于1925年9月，会址设在上海。济难会上海市总会成立于1926年1月。济难会是根据1925年10月中共中央扩大会议上的

---

① 顾玉良：《关于担任党的地下交通工作的回忆》，《党史资料丛刊》1980年第2辑，上海人民出版社1980年版，第33—34页。

一个提案，即《救济问题议决案》精神而建立的。该提案指出："中国革命争斗一天比一天显著，自'五卅'运动以来无数的牺牲者铺平革命的道路，所以组织这个会的需要非常迫切，绝对不能再延。"该提案规定了济难会的目的"在救济为人民奋斗的死者，伤者，被囚者，给与他们以物质与精神的援助，帮助为参加工农群众活动之故而被逮捕的人，帮助政治犯得早日释放，将国际间同志，劳动群众对被捕者的同情，散布于他们。"同时规定了济难会的性质"是赤色革命的后防而不是慈善的机关，应该个个人参加进行，这个会既是公开而又非党的，应该由党指挥之，至少要派一个同志去参加并且办事要集中化——在执行部指导之下工作。""这个会应合法的存在。"①这个提案虽未经这次扩大会议讨论通过为正式决议，但济难会的组织活动基本上是按照上述方针进行的。

中国济难会全国总会成立后，江西、湖南、广东、湖北、四川、上海、天津、北京等地先后成立省、市总会。1927年蒋介石发动四一二反革命政变后，济难总会自上海迁武汉。七一五汪精卫集团叛变后，总会又迁返上海。何叔衡做济难会工作正是由这时开始。由于严重的白色恐怖，被难者的营救工作加重。中共中央非常重视济难工作，要求济难组织除在物质上给被难者以救济外，还要注意揭露敌人的暴行，暴露敌人的残暴面目，宣传牺牲战士的英勇，等等。

何叔衡此时肩挑两副重担，整日在敌人的眼皮底下工作，随时都有被捕牺牲的危险。但他始终沉着机智地应付着眼前的一切，与国民党特务周旋，努力完成党交给的任务，坚持地下斗争。

---

① 中央档案馆编：《中共中央文件选集》第1册，中共中央党校出版社1989年版，第507—508页。

赴莫斯科中山大学学习

1928 年 6 月，何叔衡根据中共中央的决定，动身前往苏联莫斯科中山大学学习。他途经哈尔滨时，给女儿实山、实嗣写了一封信，内有改陆游《剑门道中遇微雨》诗一首，深切表达了他的离国情怀。诗云：

> 身上征衣杂酒痕，
> 远游无处不消魂，
> 此生合是忘家客，
> 风雨登轮出国门 ①。

6 月下旬，何叔衡到达莫斯科，当时正值中共第六次全国代表大会在莫斯科举行。他和徐特立等出席了这次大会，在会上共同总结了大革命失败的经验教训。9 月，何叔衡正式进入莫斯科中山大学特别班学习。他在阴历九月二十七日写给表侄复真的信中说："我五月初出国，……阴历五月中旬，即到了俄国莫斯科京城。得友朋的帮助，从八月十一日起，正式在孙逸仙大学校读书。"

"孙逸仙大学"或"孙大"的全称是"中国孙逸仙劳动大学"，但习惯上把它称之为"中山大学"或"中大"，有时也称为"孙文大学"。这所大学是苏联为了帮助中国革命，于 1925 年 9 月创办的。中国共产党和国民党左派都选送不少人到这里学习。1927 年，蒋介石、汪精卫相继叛变革命，国民党中央执行委员会声明"取缔"中山大学，并与之断绝一切关系。但中山大学并没有因此而立即更改校名，直到 1928 年 4 月，共产国际遵照

---

① 《革命烈士诗抄》，中国青年出版社 1962 年版，第 106 页。

斯大林关于"国民党反共，我们要给共产党培养干部"的指示，才决定将"孙逸仙劳动大学"改名为"中国劳动者共产主义大学"，这个名称一直使用到 1930 年秋学校停办，但人们的习惯称呼并未改变，仍称为莫斯科"中山大学"或"劳动大学"。

中山大学位于莫斯科的沃尔洪卡大街 16 号，是一座规模很大的四层楼房。全楼约有 100 个房间。餐厅、图书馆、教室、学习室、办公室都设在这座大楼里。第一期学生都住在楼里，后来随着学生人数的大量增加，学校又把楼内当做宿舍的房间改为教室，学生宿舍都安排在学校附近的豪华住宅内。学校内有排球场、篮球场，冬天可改成溜冰场。学校的对面是莫斯科基督教大教堂，教堂前有一个广场，教堂两侧是公园，学生们课余时间常到此处游玩、休息。

劳动大学由共产国际和莫斯科市委领导。学校党组织的领导机构是支部局，各班设党支部。学校从创建到停办共招收四期学生，1200 余人。由于不断有学生毕业或未毕业即离校从事其他工作，因此在校内学习的学生一般保持在 500 名左右。学校根据学生的文化程度和工作经验，分设普通班（正规班）、预备班和特别班，共有 20 几个班。

何叔衡是中山大学第四期学生，被分配到特别班学习。特别班的学生基本上是中共党内一些年龄较大，文化程度较高，并具有丰富实践工作经验的同志。与何叔衡同班的年龄较大的同学有董必武、林伯渠、徐特立、吴玉章、夏曦、李国宣等；也有稍年轻的，如吴亮平、唐友章、杨之华（女）、李哲时（李文宜，女）、张志立、叶剑英等。由于这个班的成员年龄偏大，当时曾被学生们戏称为"老头班"。

特别班的学习方式与普通班不一样，主要是以自学为主。学习内容偏重于对革命理论和领导方法的研究，主要课程有：社会发展史、辩证唯物主义、政治经济学等。上课时，教员先作简要的辅导，然后把学习大纲、提示、必读书和参考书目以及讨论题发给大家，而后进行如同毕业答辩式的讨论。

何叔衡对这里的学习环境感到很满意，他在写回的家信中说："我在此住在一个东吴王旧宅，睡在一个有两丈高的玻璃窗下，求学做事，均能自如"，"衣食均无缺"，"面包还吃得惯"，"身体很好"；"不过因气候关系，骨节稍微疼痛。"他最担心的是，自己年纪大了，"记忆力太薄弱，即两年或三年内能否毕业，实成问题也"[1]。

在中山大学学习，首先要解决语言问题。由于教员几乎都是俄国人，学生又都是中国人，因而出现了绝大多数学生不懂俄语，而俄语教员又绝大多数不懂汉语，授课时必须配备中文翻译才能进行的局面。这就要求学生一定要学习俄语，解决语言障碍。然而，学习俄语对于像何叔衡这样年龄较大的人来说，绝非易事。但是，为了学习的需要，何叔衡学俄文非常刻苦，有时为熟记一个单词，要读上几百遍甚至上千遍，被大家誉为"学习上永不疲倦的人"。

在学习期间，何叔衡在政治上始终保持着清醒的头脑。1929年4月，联共（布）第十六次代表大会通过了《关于清洗和审查联共（布）党员和预备党员》的决议。于是，"无情地"肃清一切反对派的"清党"运动在联共（布）党内全面展开。中山大学的全体中共党员作为联共（布）党员，也同时参加了这次"清党"运动。9月，新学期开始后，苏共中央监委派出的清党委员们进入中山大学，他们和学校领导组成了清党委员会，由苏联红军总参谋部情报部副部长贝尔津任中山大学清党委员会主席。

中山大学的"清党"运动，从一开始就犯了扩大化错误。据当时亲身经历中山大学"清党"运动的张仲实回忆：

……这次"清党"的方法是：全校成立清党委员会，它的成员是由上级指定的（莫斯科市委、区委、区监委、共产国际东方部各派一人，加上

---

[1] 转引自王兴刚、方大铭：《何叔衡》，《中共党史人物传》第4卷，陕西人民出版社1982年版，第28页。

学校支部局书记；委员会的负责人是莫斯科市派来的一个红军军官）。在清党委员会的领导下，各小组开会，对本组每个党员一个个进行揭发（凡对此人有意见的，都可到会揭发），搞"人人过关"。所有的党员都被揭发完后，清党委员会既不核对事实，也不进行调查研究，便根据所揭发的问题，作出结论，认为某人是不符合党员条件的，就宣布开除党籍或予以警告处分。例如我所在翻译班有个陈定远（俄文名叫苏威托夫），他的老婆（俄罗斯人）在清党小组会上揭发说陈打了她，最后清委会就宣布开除陈的党籍。所以"清党"的方法十分简单粗暴①。

中山大学的"清党"运动，虽然破获了校内的托派组织，取得了积极成果，但是由于运动中采取的是人人过关的简单粗暴方法，必然使一大批好同志蒙受冤屈，造成一批冤假错案。在这次"清党"运动中，中山大学的党团员有一半左右受到各种不同程度的处罚。这其中确有一部分托派分子，但大多数同志是因为反对校长米夫和王明教条宗派及支部局的错误领导而遭此迫害的。"清党"运动实际上为米夫和王明教条宗派清除异己创造了条件。当时参加"清党"运动的毛齐华后来回忆说："中大'清党'的时候反对学校和支部局领导的那一派中，多数人并不是托派，对这一点领导上也是清楚的。但是清党过程中，却没认真注意作好群众中的思想工作，只是片面地从组织上追查你对学校和支部局领导的态度，在学校两派斗争中的表现，以及家庭的阶级出身，本人成分等。这样，就在尚未正式清党审查之前，实际上对每一个人都早已有了一个主观的看法和固定的轮廓。有了这样一个框框，在清党过程中，对参加或支持反支部局那一派的人，审查和处理就特别严格。"②

①　张仲实：《二十年代赴莫斯科留学的回忆》，中国革命博物馆党史研究室编：《党史研究资料》第3集，四川人民出版社1982年版，第335—336页。
②　转引自曹仲彬、戴茂林：《莫斯科中山大学与王明》，黑龙江人民出版社1998年版，第158—159页。

面对严重扩大化了的"清党"运动，身临其境的何叔衡敏锐地觉察到这里面隐藏着一场尖锐的斗争。于是，他认真地思索着其中的问题，准备着斗争策略，与何叔衡共同经历过这场斗争的徐特立曾说："在莫斯科，我们几个年老的同志，政治上是跟叔衡同志走的。开头都说叔衡同志笨，不能做事。清党事起，大家还摸不着头绪的时候，叔衡同志就看到了，布置斗争，很敏捷，很周密，谁说他笨！"当时，徐特立很尊重何叔衡，认为何叔衡的马列主义修养和政治觉悟较高，立场坚定，旗帜鲜明，有什么事，他总是先看何叔衡的态度，以何叔衡为榜样。例如何叔衡认为在反对托派的斗争中，不应当偏离方向，扩大打击面，伤害自己的同志，更不应当捕风捉影，把同志之间工作上的正常意见分歧，随意说成路线斗争而加以打击。这些观点，徐特立都认为非常正确。正因为如此，当王明在校内打击老同志，并使方维夏受到残酷批斗时，何叔衡、徐特立等从不随声附和，而是想方设法对方维夏进行安慰和帮助。中山大学的一位工人学员后来在延安与谢觉哉谈起"清党"这段经历时，对谢觉哉说："莫斯科支部清党斗争，何老头是第一。"何叔衡回国后，在上海也同谢觉哉谈起过此事，他说："清党斗争一年多，他最后一次发言后，即做结论。"[1]何叔衡在"清党"运动中的正确思想和做法，影响和保护了一些同志。

何叔衡这时虽然身居国外，但他时时刻刻都在关心着国内的斗争和人民的生活情况。1929 年 8 月，何叔衡在写给过继的儿子新九的信中说："前阅报章，云湖南夏秋又遭旱灾，并且非常普遍，到底情形怎样？颇难释念！"[2]同年 12 月，何叔衡在写给哥哥玉书和玉明的信中又说："我在此阅中国报纸，见白崇禧在北京演说辞上云湖南自去年起，死去十七万人。又十二月报载河南饥民有六百万人，即此二事，可知中国之一切情形矣。"[3]

①　谢觉哉：《忆叔衡同志》，《解放日报》1942 年 5 月 8 日。
②　何叔衡家信，《湖南历史资料》1980 年第 2 辑，湖南人民出版社 1980 年版，第 143 页。
③　转引自胡庆云：《何叔衡同志光辉的一生》，《教学与研究》1981 年第 4 期。

何叔衡渴望从家人的回信中详细了解自己的祖国和家乡的情况，为此，他在信中对新九说："你如写信给我，应该要从有关系有意义的地方着笔，不要写些应酬话呢！"[1]

何叔衡此时远离亲人，从他寄往家中的每一封信可以看出他思念亲人的心情，看到他循循善诱、教育子女如何做人，怎样对待人生的胸怀。1929年2月3日，他给儿子新九的信中说：

……我承你祖父之命，抚你为嗣，其中情节，谁也难得揣料。惟至此时，或者也有人料得到了！现在我不妨说一说给你听：一、因你身瘵弱，将来只可作轻松一点的工作；二、将桃媳早收进来；三、你只能过乡村永久的生活，可待你母亲终老。至于我本身，当你过继结婚时，即已当亲友声明，我是绝对不靠你给养的。……我挂念你母亲，并非怕她饿死、冻死、惨死，只怕她不得一点精神上的安慰，而不生不死的乞人怜悯，只知泣涕。我现在不说高深的理论，只说一点可做的事实罢了，1.深耕易耨的作一点田土；2.每日总要有点蔬菜吃；3.打长[2]要准备三个月的柴火；4.打长要喂一个猪；5.看相、算命、求神、问卦，及一切用香烛钱纸的事（敬祖亦在内），一切废除；6.凡亲戚朋友，站在帮助解救疾病死亡、非难横祸的观点上去行动，绝对不要作些虚伪的应酬；7.凡你耳目所能听见的，手足所能行动的，你就应当不延挨、不畏难的去做，如我及芳宾等你不能顾及的，就不要操空心了；8.绝对不要向人乞怜、诉苦；9.凡一次遇见你大伯、三伯、周姑丈、袁姊夫、陈一哥[3]等，要就如何做人、持家、待友、耕种、畜牧、事母、教子诸法，每一月要到周姑丈处走问一次，每半月到大伯、七婶处走一次，每一次到你七婶处，就要替她担水、提柴、买零碎东西才走，十九女可常请你母亲带了，你三伯发火时，你不要怕，要近前去解释、

---

[1] 何叔衡家信，《湖南历史资料》1980年第2辑，湖南人民出版社1980年版，第143页。

[2] "打长"，系宁乡土语，即"经常"的意思。

[3] 指陈泳阶，新九的表哥，中共党员，1950年逝世。

去慰问；10.你自己要学算、写字、看书、打拳、打鸟枪、吹笛、扯琴、唱歌。够了！不要忘记呀！我〔你〕接此信后，要请葆华来（要你母亲自己讲，她的口气，我认得的），请她写一些零碎的事给我①。

8月3日，何叔衡又给新九写了一封信，信中说：

……你老母近状如何？全家大小怎样？各至戚家情形怎样？地方情形怎样？日用所需价格怎样？家中耕种畜牧情形怎样？务请你详细列表写告！我甚不愿意你十分闭塞，对于亲戚邻近人家也要时常走谈一下，讨论谋生处世的事，一切劳力费财的事，总要仔细想想。要于现时人生有益的才做。幸福绝不是天地鬼神赐给的，病痛绝不是时运限定的，都是人自己造成的。此理苟不明白，碌碌忙忙，一生没有出头之日。我平生对于过去的失败，绝不懊悔；未来的徼幸，绝不强求；只我现在应做的事，不敢稍微放松，所以免去许多烦恼。你能学得否？……②

何叔衡在信中还曾向妻子表示说："我是要永远对得起我的骨肉和您的啊！……我要问您，假使我遭了危险，您还是求死呢，还是求生呢？请您答复我。"他还说："我不希望我家活多人，只望活的人要真活，不要活着还不如死。"③这一封封普通家信，虽说没有什么豪言壮语，尽是些农村琐事，但在字里行间中却寄托着何叔衡对家人的希望，表达着一个共产党员无私无畏的献身精神和博大胸怀。

何叔衡在苏联期间还非常关心儿童教育，对苏联的儿童教育进行了考察。1929年4月，他在写给盛鑫的信中说："我现在仍研究小学教育，对于儿童的个性考察启发方法很多。"他在同年阴历四月十三日写给内侄女

① 何叔衡的家信，《湖南历史资料》1980年第2辑，湖南人民出版社1980年版，第141—142页。
② 何叔衡的家信，《湖南历史资料》1980年第2辑，湖南人民出版社1980年版，第143页。
③ 转引自王兴刚、方大铭：《何叔衡》，《中共党史人物传》第4卷，陕西人民出版社1982年版，第29页。

泝霞的信中，批评了泝霞教育孩子的做法，他说："至于小儿他另有思想行动的范围，有他的意中天地及意中生活，苟只知打骂，即是犯罪。请您注意。"[1]

何叔衡在中山大学学习生活了近两年，于1930年7月圆满完成了学习任务，从莫斯科启程回国。

回国以后

1930年7月，何叔衡由莫斯科经黑龙江回到上海后，即根据党组织的安排，主持中国革命互济会的工作。

中国革命互济会是中国共产党领导下的革命群众组织，是国际革命人道互济会的分支机构。1929年下半年，在党的号召下，许多省开始成立革命互济会，原有的济难会也于这年底改称为革命互济会。在各地互济会相继成立的基础上，同年12月末，中国革命互济会在上海召开了第一次全国代表大会，到会代表30余人。大会通过了互济会章程和纲领，选举了执监委员28人的领导机构，发表了宣言。会后，全国各省区互济会组织有相当发展。湘、鄂、闽、皖、粤、桂、苏、浙、晋、鲁、豫、川、滇、顺直、满洲等省区都有互济会组织，会员已达80万，其中苏区占70余万，白区会员尚不满10万。

中国革命互济会领导机关设在上海。它虽是全国互济会的领导机构，但主要是指导白区互济会的工作。互济会的主要任务是：反对帝国主义和国民党的血腥镇压，反对逮捕、屠杀革命者，反对白色恐怖政策，争取释放政治犯，救济被监禁的同志，援助被捕的同志和烈士的家属等。全国互

---

[1] 转引自胡庆云：《何叔衡同志光辉的一生》，《教学与研究》1981年第4期。

济会还在上海公共租界聘请潘震亚律师、在法租界聘请陈志皋律师为法律顾问，有时还临时聘请律师，援救被捕的同志。互济会的干部和会员在营救工作中采取的主要方法是：对被捕未判刑的同志，出面找关系，请律师，找熟识的巡捕、警察，以消灭证据等，争取从轻判处或找保释放。对已判刑的同志，则寻找他们的同事、同乡、同学、亲属等关系，到狱中探望、慰问，送生活必需品、食品、少量的钱等。并在监狱的"政治犯"中建立基层组织，发展敌伪人员，包括有觉悟的法官、看守等。对于出狱的同志，则帮助他们安排生活，为其治病，为其接上组织关系。白区的互济会组织在严重的白色恐怖中，不仅担负了救援被监禁屠杀的革命者及其家属的任务，而且作为党的外围群众组织，在反对帝国主义和国民党反动统治的斗争中，也起着很重要的作用。因此，国民党于1930年9月将中国革命互济会同社联、左联、反帝大同盟、普罗诗社、革命学生会、文艺俱乐部等一起查封。互济会虽被查封，但活动并未停止，只是工作起来更加艰难。

何叔衡来到全国互济总会工作时，正是上海的环境空前险恶，帝国主义和国民党反动派疯狂地进行大逮捕、大屠杀时期，营救革命者的工作已成为一项十分艰巨的任务。面对敌人的血腥屠杀，何叔衡毫不畏惧，带领同志们为营救入狱的革命者东奔西走，做了大量的工作。据当时做互济会工作的黄静汶回忆：

……例如济总的特援（即援助被捕的中央负责干部或省市负责干部等——引者注），曾经设法营救过恽代英同志。恽代英同志虽然被捕，但用的是王作霖假名，一直没有暴露自己的真实身份。敌人也没有察觉，恽代英同志的爱人沈宝英，当时在上海一家工厂从事党的工作，为了恽代英同志的安全，组织上曾劝沈宝英暂不去探监，以免被叛徒认出她而暴露恽代英同志。互济会经过多方活动，恽代英同志本应在三一年六月取保释放出狱。不料在此期间，顾顺章被捕叛变，出卖了恽代英同志，致使恽代英被国民党杀害于监狱。

济总还援救过贺昌、刘晓、李初黎、李士英、彭康等同志，以及国际友人牛兰夫妇等[1]。

互济会营救的一般同志则更多。互济总会除积极组织营救被捕入狱的同志外，还组织狱中斗争；帮助红军在各地招考军官；为1930年的"九七"纪念，参加发起反对白色恐怖大示威运动；对受难者进行广泛的调查，对国民党反动政府逮捕屠杀人民的罪行予以揭露等活动。

何叔衡在去莫斯科中山大学学习前后，均在上海做地下工作，为营救同志们到处奔波。然而，在这期间他的亲人也连遭反动派的迫害和逮捕，但却从没有动摇过他的革命意志。1927年大革命失败后，反动派就把何叔衡一家逐出何氏宗祠，不准他们姓何。何家年轻一代的20个兄弟姐妹，没有一家不被反复抄劫。反动派悬赏捉拿何叔衡父女的通缉令贴满宁乡各路口，宣称"抓到何叔衡，赏大洋三千"。何贵初是在何叔衡家长大的一个孤儿，反动派要他交出何叔衡，竟用铁片把他身上的肉一块块一丝丝地刮掉，还把他的头挂在宁乡街上示众三天。当时，何叔衡的两个女儿实山和实嗣隐蔽在宁乡唐市张氏族学内。实山教职业班的缝纫，实嗣教小学音乐、体操、算术，宁乡县委就设在这所学校。

由于何叔衡的两个女儿都在张氏族学，因而该校特别引人注意。1928年4月初的一天清晨，当地团防局悄悄包围了该校。在万分危急的情况下，何氏姐妹立即化装成农村妇女，在群众的掩护下逃出虎口。何氏姐妹先是投奔安化县的一个亲戚家，后又回到宁乡，在徐瑞中家住了半年。徐瑞中是何叔衡少年时的同学，家中殷实，是当地的一个财主，未引起敌人的怀疑。何实山的大儿子就是在徐瑞中家里出生的。这年深秋，夏尺冰来到徐瑞中家，将何氏姐妹接出了宁乡。随后，按照党组织的安排，何实嗣转移

---

[1] 黄静汶：《我所知道的赤色革命互济会》，中国人民政治协商会议全国委员会文史资料研究委员会编：《革命史资料》（三），文史资料出版社1981年版，第48页。

142

到了上海。她在聚成印刷公司的一个印刷厂做装订工，这个印刷厂是专门秘密印刷党的文件的。何实嗣从家乡出走后，何实山在湘阴中共湖南省委机关工作了一段时间，后于 1930 年 9 月下旬，与夏尺冰一道到达江西省莲花县。当时莲花县是湘东南特委所在地，夏尺冰被任命为湘东南特委书记。1931 年春节过后，何实山便与夏尺冰、陈刚等从莲花县送经费到上海党中央。此后，何实山留下来与实嗣在同一个印刷厂工作。这时，何叔衡已从莫斯科回到上海，父女三人团聚在一起。

在敌特如麻的上海做地下工作，随时都有被捕的可能。因此，何叔衡经常教育女儿说：搞地下工作很艰苦，环境也十分复杂。要提高警惕，防止叛徒出卖。他还严肃地告诉她们，要有随时为革命牺牲的思想准备，并耐心地向她们教授应付敌探和审讯的本领。何叔衡不仅在政治上关心她们，而且在生活上也无微不至地照顾着她们。后来，何实山、何实嗣回忆起她们与父亲在这段时间生活在一起的情景时说：

> 那时，条件十分艰苦，每月只有几元钱的生活费。父亲常常把自己的生活费节省下来给我们，他说："我就是天天吃大饼也可以过得去，我苦一些没什么，你们还年轻。"每次拿到父亲的这点钱，再看看他消瘦的面孔，粗布长袍，心里总有说不出的话语，忍不住地要流出眼泪①。

就在何氏父女刚刚团聚不久，不幸的事情又接连发生了。先是何实嗣的爱人杜延庆在福明印刷厂被捕，继而何实山、何实嗣所在的印刷厂也遭敌破坏，何氏姐妹同时被捕入狱。不久，又传来了何实山的爱人夏尺冰在长沙被叛徒出卖而被捕的消息。两个女儿、两个女婿先后落入敌人的魔爪，这对已年过半百的何叔衡是何等的沉重打击。但是，何叔衡还是把痛苦深深地埋在心里，依然昼夜不停地为党工作。同志们为此深感不安，便四处

---

① 何实山、何实嗣：《忆父亲何叔衡烈士》，《人民日报》1980 年 6 月 14 日。

奔波，多方营救。由于何实山、何实嗣在党组织和父亲的多年教育下，对于被捕早有思想准备，她们按事先准备好的答词应付敌人。经过审讯，敌人没有捞到任何东西，于1931年6月由党组织设法以印刷厂学徒的身份保释出狱。杜延庆被判处8个月徒刑，党组织为他请了辩护律师，刑满后也出狱了。但是，何叔衡的大女婿夏尺冰却壮烈牺牲在敌人的屠刀下。

夏尺冰很小的时候，父亲因领导农民起义而牺牲了。何叔衡把夏尺冰接到家里，养大成人。在何叔衡的教育下，夏尺冰逐渐懂得了一些革命道理，走上了革命道路。1924年冬，夏尺冰在宁乡甲种师范读书时参加党组织。1925年冬，他又由党组织保送去黄埔军校学习。毕业后，他在北伐军中任营指导员。大革命失败后，他潜回湖南，由省委派任为中共宁乡县委书记，后又担任湘东南特委书记，在湘东南一带活动。1931年4月下旬，夏尺冰在上海向党中央汇报完工作，离沪返回莲花县途中，于5月16日在长沙被捕。在狱中，他坚贞不屈，受尽各种酷刑的折磨，于6月15日被湖南军阀何键惨杀在长沙的大马路上，夏尺冰牺牲时，妻子何实山还在上海狱中。

何叔衡从报上得知女婿夏尺冰牺牲的消息后，异常悲痛。他把刚出狱的女儿实山叫到身旁，准备把这不幸的事情告诉女儿。他强忍泪水对实山说："一个共产党员就是不应死在病床上，他一定要死在大马路上。"实山立刻明白了所发生的事情，大滴的泪水夺眶而出，但她还是深沉地向父亲点了点头，发誓一定要踏着烈士的血迹前进，彻底消灭反动派。何实嗣出狱后，与父亲住在一起，何叔衡有很多话要对女儿讲。一天，何叔衡让实嗣坐在自己的身边，然后缓慢而深沉地向女儿述说着自己的心境。他说："你们被捕后，我有好多个晚上睡不好觉，心情沉重，在屋里走来走去，想的很多。人总是有感情的。虽然说干革命总会有牺牲，一旦灾祸落到头上，也还是不能完全克制自己的感情。因为我身边只有你们四个亲人。一个已经被杀害，你们三人又在狱中……后来，我特意了解过，知道你们没有暴露身分，没有出卖组织，所以，我才向上级建议营救你们。"①何叔衡的话，充满了一个老共产党员、一个慈祥父亲的深厚感情。何氏父女回想起所遭受的波折，没有后悔，而是更加坚定了革命到底的信心。于是，父亲鼓励女儿要继续坚持做好党的工作。

这期间，国统区的环境更加险恶。1931年中共六届四中全会召开后，以王明为代表的"左"倾教条主义在党中央领导机关内占据统治地位，因而"左"倾教条主义和关门主义在国统区党的工作中也开始贯彻执行。于是，国统区内党的工作出现了一片混乱。一些主观蛮干的做法，使一些共产党员和党的积极分子暴露在敌人面前，遭到逮捕和屠杀，各地党的机关连续遭到敌人的破坏。个别投机革命的分子，被敌逮捕后，很快叛变，出卖革命，出卖组织，致使何孟雄、林育南、李求实等一批党的重要干部及共产党员被捕牺牲。到6月下旬，担任中共中央政治局常务委员会主席的向忠发又在上海被捕，即而叛变。在这种情况下，王明离开上海前往莫斯科，周恩来也被迫前往中央革命根据地的江西瑞金。这时在上海的中央委员和政治局委员已不到半数，根据共产国际指示，成立了临时中央政治局。但是博古等人继续推行以王明为代表的"左"倾教条主义错误，致使党在国统区的活动变得更加困难。

国民党蒋介石自1930年10月至1931年9月，将进攻的重点放在中央革命根据地，曾连续三次"围剿"毛泽东、朱德率领的红一方面军，但都遭到了惨重的失败。继而九一八事变爆发，全国人民反日怒潮骤起。蒋介石又采取绝对不抵抗政策，遭到全国各界人民的反对。此时，蒋介石在政治上处于十分被动的地位，这些更加剧了国民党蒋介石对国统区中共党组织的破坏。上海则是蒋介石下令严密监视捕杀的重点，因而中共党的机关及党所领导的群众救援组织处于更为秘密的状态，活动异常艰难。

---

① 何实山、何实嗣：《忆父亲何叔衡烈士》，《人民日报》1980年6月14日。

鉴于上海的斗争形势日趋紧张，1931年秋，党决定让何叔衡转移到中央苏区去。临行前，何叔衡设法把实山、实嗣及杜延庆找到一起，吃了一顿告别饭。饭间，何叔衡对他们说，做共产党员的就应该是不怕死的。我们从入党的那天起，就把自己的一切，包括自己的生命完全交给党了。说着，他又重读了1928年赴苏途中改写的那首诗，并特别解释了"此生合是忘家客"一句。他语重心长地说："革命者就要抱定舍身忘家的决心。"何叔衡随时随地不忘对自己的孩子进行革命教育，是希望自己的孩子同他一样，舍身忘家为革命。同时，他还安慰女儿们说："你们将来也会有机会到苏区的，那时我们又会在一起的。"[1]谁知这次父女的亲切聚会，竟成永诀。何叔衡动身前，实山见父亲年老体衰，怕抵御不了寒风的侵袭，匆匆赶织了一件毛衣，送给父亲。何叔衡把自己留有多年的一只刻有"衡"字的金戒指交给实山，作为别后纪念。随后，何叔衡告别女儿，踏上了去中央苏区的道路。

---

[1] 何实山、何实嗣：《忆父亲何叔衡烈士》，《人民日报》1980年6月14日。

献身中央苏区

主持工农检察人民委员部

何叔衡从上海出发后，化装成富商大贾，取道香港、广东、闽西，在党的地下交通站帮助和掩护下，通过敌人的层层盘查，几经风险，于1931年冬到达江西中央苏区（又称中央革命根据地）的中心瑞金。

这时的中央苏区，红军已胜利地粉碎了国民党蒋介石的三次重兵"围剿"。苏区范围不断扩大，已拥有江西省的瑞金、宁都、广昌、石城、黎川、雩都（今于都）、兴国、会昌、寻邬、安远、信丰和福建省的龙岩、上杭、永定、长汀、连城、宁化、清流、归化、建宁、泰宁，共21个县城，面积约5万平方公里，人口约250万，成为当时全国最主要的苏维埃区域。

这个地区三面环山。西部有罗霄山脉，绵亘于湘赣边界，南凭赣粤边界的九连山和大庾岭，东部武夷山脉沿赣闽边界绵延。赣西南地势自南向北渐次低倾，东西两侧各向中央倾斜，境内山地与丘陵广布，沿河盆地与峡谷相间，赣江是境内最大的河流。闽西则地势崎岖复杂，崇山与丘陵起伏，河谷与盆地交错，主要河流有汀江。该地区属亚热带湿润季风气候，赣南和闽西具有明显的亚热带特色，温暖多雨。境内自然资源和物产十分丰富，当地人民世代在这块土地上休养生息。

何叔衡到达的瑞金，是一座小城。它位于赣东南与闽西交界处，坐落在四面环山的盆地之中，风光秀丽。一座古塔雄踞城头，给这座古城更增添了气势。何叔衡住在叶坪一个叫谢桂明的老乡家里，他的住处与毛泽东的住处仅隔30余米。毛泽东住的院子旁边生长着一棵高大挺拔的樟树，葱茏的枝条像一把大伞，也给何叔衡的院落留下一片绿荫。此后，这两位患难与共的战友经常在这棵大樟树下谈古论今，研究工作。何叔衡看到苏区一片兴旺发达的景象，心情格外舒畅，从白区到苏区，感觉是换了天地。

同年 11 月 7 日，中华工农兵苏维埃第一次代表大会在瑞金叶坪村谢家祠堂隆重召开，何叔衡出席了这次大会。大会通过了《中华苏维埃共和国宪法大纲》《中华苏维埃共和国土地法令》《中华苏维埃共和国劳动法》《中华苏维埃共和国关于经济政策的决定》和红军问题、工农检察处问题、少数民族问题等决议案。大会通过的《中华苏维埃共和国临时政府对外宣言》向全国和全世界庄严宣布："中华苏维埃共和国临时政府于一九三一年十一月七日俄国十月革命纪念节于江西正式成立了。它是中国工农兵以及一切劳苦民众的政权，它是代替帝国主义与中国地主资产阶级的国民党的统治,并且继续号召与组织全中国劳苦民众起来推翻这一统治的政权。"[①]大会选举了包括何叔衡在内的 63 人为中华苏维埃共和国临时中央政府执行委员，组成中央执行委员会，为全苏大会闭会后的最高政权机关。大会于 20 日闭幕。

11 月 27 日，中央执行委员会召开第一次会议，选举毛泽东为中央执行委员会主席，项英、张国焘为副主席。中央执行委员会之下设立人民委员会，为中华苏维埃共和国中央行政机关。选举毛泽东为主席，项英、张国焘为副主席。人民委员会内设有外交、军事、内务、教育、财政、司法、工农检察等人民委员部和国家政治保卫局等机构，选出的人民委员会委员分任各部部长和各部委员会主席。何叔衡被选为工农检察人民委员。

中华苏维埃共和国临时中央政府成立后，设在叶坪村的谢家祠堂，所有的部都集中在这里。祠堂大厅内用木板隔成一个个小房间，每个房间只有十几平方米，一个房间就是一个部，门口依次挂上每个人民委员部的木牌子。工农检察人民委员部就在其中的一个房间里，何叔衡同部里的工作人员就在此办公。

---

① 《红旗周报》第 24 期，1931 年 11 月 27 日。

根据 1931 年 11 月中华苏维埃共和国临时中央政府执行委员会颁布的《工农检察部的组织条例》规定，工农检查人民委员部的任务是：监督国家企业和机关，及有国家资本在内的企业和合作社企业等，要那些企业和机关，坚决地站在工人、雇农、贫农、中农、城市贫苦劳动民众的利益上，执行苏维埃的劳动法令、土地法令及其他一切革命法令，适应某阶段的革命性质，正确地执行苏维埃的各种政策。其具体任务是：1.监督苏维埃的机关，要他们正确地站在工人、雇农、中农的利益上，去没收并分配土地；2.监督各级苏维埃机关，正确地去执行苏维埃的政纲和策略，以适合某阶段的革命利益，巩固苏维埃区域和苏维埃政权，并向外发展；3.监督苏维埃机关对于苏维埃的经济政策，首先是财政与租税政策，是否执行得正确；4.有向各该级执行委员会建议撤换或处罚国家机关与国家企业的工作人员之权，但对于该企业或机关的工作设施，有直接建议之权；5.若发觉犯罪行为，如行贿、浪费公款、贪污等，有权报告法院，以便施以法律上的检查和裁判。《条例》还规定：自中央执行委员会，到区执行委员会，及城市苏维埃，应当有工农检察部或科的组织，为各级政府的行政机关的一部分；工农检察机关，从中央政府到区政府，均称工农检察部，但负责人只有中央政府称工农检察人民委员，省县区均称部长，城市苏维埃则称工农检察科，负责人称科长；工农检察机关，受各该级执行委员会及其主席团的指挥，同时受上级工农检察机关的命令。

根据工农检察部的工作性质和任务，必然要求全部工作人员在工作中做到细心、认真、准确、原则性强。因此，在工农检察人民委员部成立不久，何叔衡就召集全体工作人员开会，发动大家分头下去摸底调查。他说：检察要从各级领导干部检察起，检察领导要从上层领导检察起。会后，何叔衡在每批人员下去前，都要向他们详细交待下去后应注意的问题，特别强调检察部是有威望的，下去的干部不能对群众发脾气，否则，就会影响群众关系，了解不到真实情况。每批下去的干部回部后，何叔衡都要亲自听汇报，干部有什么事做错了，他就指出错在哪里，今后应注意什么。在何叔衡的指导下，下去的人员调查了解到很多情况。

何叔衡不仅要求工作人员经常到基层了解情况，自己也时常到下边去，到群众中去。何叔衡的身上随时背着三件宝：布袋、手电筒和记事簿。他的布袋子是自己设计，请人缝制的，袋子中分成几个小袋子，叫作"袋中袋"，每个小袋都有它特定的用场。中间一个较大的是放实物的。他的记事簿上几乎无所不记，他经常对人说，人老了，脑子不管用，记在本子上忘不了。何叔衡在调查研究时，白天和群众在田间地头边干边谈，晚上召集部分干部群众座谈。不几天功夫，他就掌握了大量材料，伴随他起早摸黑、走村串户的布袋子也就装满了，好的坏的都有，人证物证齐全。

何叔衡和部里工作人员经过一段时间的调查，将材料汇总整理后，发现有相当一部分县、区政府，单靠行政命令解决问题，有的干部甚至吞没公款、多吃多占、贪污腐化。何叔衡认为，这些问题如不及时解决，将直接威胁着苏维埃政权的巩固。他感到问题的严重性，随即将这些情况向毛泽东、项英等领导同志作了汇报，引起了他们的高度重视。1932 年 3 月 1 日，人民委员会第八次常委会议召开，何叔衡参加了会议。会议通过了人民委员会第 5 号命令，即《切实执行工作检查》的命令，并于次日在《红色中华》报上公布。命令指出："自从临时中央政府成立以来，曾经颁布了许多重要的法令条例、训令和通令等，都是为强固苏维埃政权、加强苏维埃对敌斗争的领导力量，以及执行苏维埃政纲的最具体的方案，只有切实执行这些法令，才能使苏维埃政府成为坚强而有工作能力的政权。"但是两三个月来，"根据各地所发生的事实看来非常令人不满，有许多地方政府，没有照着法令切实执行，或者是执行得极不充分，甚至有忽视执行上级命令和法令的疏忽懈怠的严重现象"。为立即纠正这种现象，命令要求各级苏维埃政府立即实行工作检查。"在工作检查中应该考察在政府机关的工作人员是否有消极怠工腐化，不尽职等等的情形，对于一切不执行上级命令和工作不积极的要予以革命纪律的制裁，以强固苏维埃政府，使苏维埃的工作紧张起来，消灭一切疏忽松懈的现象。"对于这次工作检查，命令强调各级苏维埃政府要切实重视，"刻不容缓，各下级政府，务须向上级详细报告"，"不得稍有玩忽和怠工"。

人民委员会的命令发出以后，何叔衡又一次率领工作人员深入到各省、县、区进行检查、督促、落实。对于那些初犯或情节不甚严重的，何叔衡尽力教育干部，力戒腐化；对那些不称职的干部，他坚持原则，将其职务撤销；对贪污犯罪分子，他更是严厉予以打击，决不宽容。

1932年8月13日，中央政府召集江西、福建两省和瑞金直属县及会昌、寻邬、安远、宁都、南广、宁化等县工农检察部联席会议。会上，决定各级工农检察部目前的中心任务是：1.加紧检察参战工作。如成立红军补充团、发展城都赤卫军、督促修理交通路尤其是军事交通路线的桥梁道路，以及销售公债、保护秋收、种植杂粮、禁种鸦片和发展苏区经济等工作。2.督促各级政府土地部对土地法的彻底执行。3.严格的检查对财政的贪污浪费。4.监督各种税收。5.检查实行优待红军的条例及其办法①。

为了对各级苏维埃政府机关、国家企业及合作社等随时进行监督和检查，各级地方工农检察部之下设立了突击队和控告局。为此，何叔衡于8月13日以工农检察人民委员的名义签发了《突击队的组织和工作》条例。该条例详细规定了突击队的组成、工作方式及突击的范围。关于突击队的组成，条例规定：突击队是人民在工农检察部指导之下，监督政权的一种方式，凡有选举权的人都可加入突击队。突击队每队的人数最少须有三人，每队须有队长一人。突击队只隶属于当地的工农检察部，受它的直接指导。突击队的队员不脱离生产，他们执行工作是在空暇的时间或休息日，并且不是固定的，每次突击可以改换队员。关于突击队的工作方式，一是采取

---

① 《红色中华》1932年9月13日。

公开地突然去检查某某苏维埃机关，或国家企业和合作社，以揭破该机关或企业等的贪污浪费及一切官僚腐化的现象。一是扮作普通工农群众到某机关去请求解决某种问题，看该机关的办事人员对工农的态度，办事的迟速，以测验该机关的工作现状。突击队的工作范围，仅限于苏维埃机关和国家企业方面，私人企业及私人间的关系不是突击队的目标。

同时，何叔衡还发布了《工农检察部控告局的组织纲要》。纲要规定：各级工农检察部或科之下得设立控告局。各级控告局，直属各级工农检察部或科，受其指挥和节制，但没有上下级的隶属关系。控告局设局长一人，调查员若干人。关于工作方法，纲要规定：控告局可在工农集中的地方，设立控告箱，以便工农投递控告书。还可以指定不脱离生产的可靠工农分子代替控告局接收各种控告。纲要还规定：控告局日常的工作，是接受工农劳苦群众对苏维埃机关或国家经济机关的控告，及调查控告的事实。控告局只接收控告某机关，或某机关的工作人员的控告书，不接收私人争执的控告书。同时规定：苏维埃的政府机关和经济机关，有违反苏维埃政纲政策及目前任务，离开了工农利益，发生贪污浪费，官僚腐化，或消极怠工的现象，苏维埃公民无论何人都有权向控告局控告。

各地突击队和控告局组成后，确实起到了监督和检察地方苏维埃政权机关及经济部门的作用。发现问题都能及时向当地工农检察部或主管部门报告，有些在群众中影响极坏的典型事例，都在《红色中华》报《突击队》栏目中给以曝光，以告诫他人。《红色中华》报刊登的这方面的稿件有：《用拉夫式来扩大红军的太拔乡苏》《鼓动红军归家的黄坑乡苏主席》《提倡迷信帮助封建的桃黄区三乡主席》《贪污与腐化》《两位乡区苏主席的写真》《奇妙的罚款》《代表土豪利益的小松工农检察部长》《丰山区政府的形形色色》《合伙瓜分公款》等。

地方突击队和控告局所做的工作，使工农检察人民委员部能掌握更多的情况，以便及时向临时中央政府反映，制定切实可行的措施，纠正歪风。

1932年9月24日，人民委员会召开第24次常务会议。会上，何叔衡报告了检查江西省苏工作及出席该省工农检察部联席会议的情况，而后又审阅了该省给中央的工作报告，并逐一指出该省最近工作的优点与缺点。会议根据何叔衡的报告，议决先给江西省苏发一指示信，随后派专员指导一切。从而使中央政府的指示有一定的针对性。9月30日，人民委员会第25次常务会议议决"工农检察部应即日组织中央突击队"。这一决定施行后，加强了工农检察人民委员部的工作力量，强化了对中央政府各部门工作的监督和检查，对巩固苏维埃政权起到了重要的作用。

1933年8月，何叔衡根据中华苏维埃共和国中央执行委员会第22号训令，领导工农检察人民委员部在苏维埃工作人员中开展了检举运动，有系统地迅速地发动思想斗争，运用自我批评的武器，反对贪污腐化现象，收到了很好的效果。

何叔衡在主持工农检察人民委员部工作期间，一方面抓紧调查研究工作，以事实为依据，教育各级苏维埃政府的工作人员，使其真正做到以工农利益为各项工作的出发点；另一方面，及时发布文件，指导检察工作。1932年9月20日，何叔衡签发工农检察人民委员部训令第1号——关于检查优待红军条例问题。12月1日，何叔衡又签发了工农检察人民委员部训令第2号——关于检查苏维埃政府机关和地方武装中的阶级异己分子及贪污腐化动摇消极分子问题等等。

何叔衡对工农检察部的工作，有布置、有检查。1933年3月22日，他召集江西、福建省苏，瑞金直属县苏、公略、博生、会昌、长汀、兴国、胜利、于都、石城、上杭县苏，兴国高兴、上杭才溪、胜利桥头、瑞金云集区苏各机关的工农检察部长和兴国城、瑞金城、汀州市苏各机关的工农检察科长联席会议。会议主要由各地检察机关负责人汇报当地苏维埃政府，组织各种战争动员工作（如扩大动员红军、发展地方武装、交纳各种税收及公债等）及执行土地法、劳动法、经济政策、婚姻条例、优待红军条例、城乡选举、春耕运动等工作情况。通过这次会议，及时了解了各地对党和政府各项政策的执行情况。

何叔衡还利用各种机会进行工作检察。当时，国民党军队对红军的多次"围剿"，虽然都被红军胜利粉碎了，但是，红军伤病员也逐渐增多。为了表达苏维埃临时中央政府对他们的关怀，1932 年 8 月 24 日，人民委员会第 23 次常务会议议决，派何叔衡到后方医院慰劳伤病战士。9 月 3 日，何叔衡以工农检察人民委员身份，代表中央政府到红军各医院慰问伤病员，并发给每人慰劳费 1 元。何叔衡在慰问伤病员期间，考察了医院的工作。他召集各医院工作人员开座谈会，嘱以善为医治伤病战士。9 月 24 日，何叔衡在人民委员会第 24 次常务会议上，将慰问伤病红军及检查医院工作的情况逐一作了报告。

何叔衡凭着丰富的工作经验，把工农检察人民委员部的工作搞得很有起色，他自己也受到同志们的尊敬和爱戴。当年一位与何叔衡在一起工作的同志曾这样评价道："他给人印象最深的是对工作严肃认真，一丝不苟；和蔼可亲，平易近人。他和干部在一起时，谈笑风生；他批评人，不是疾言厉色，而是和风细雨，耐心教育。在部里他的威望是很高的。"[1]

1933 年 4 月，中央执行委员会从叶坪迁至沙洲坝自然村的元太屋。何叔衡同毛泽东、董必武、谢觉哉、徐特立等住在一个院子里。几位久经风霜的老战友朝夕相处，在一起共同探讨治理红色中国和同国民党反动派斗争的大计。1934 年 2 月，第二次全国苏维埃代表大会召开之后，何叔衡不再担任工农检察人民委员。

---

[1] 何实山、何实嗣：《何叔衡同志在中央苏区》，《革命回忆录》（五），人民出版社 1982 年版，第 32—33 页。

内务人民委员部代部长

何叔衡担任工农检察人民委员部部长后，工作刚刚开展起来，1932年1月27日人民委员会第五次常务会议决定，在目前内务人民委员周以栗因病请假期间，其部务暂由工农检察人民委员何叔衡兼理（即代部长）。同年6月13日，人民委员会第16次常务会议又决定，内务部设立内务委员会，何叔衡为主任。从此，何叔衡又承担起内务人民委员部的领导工作。

内务人民委员部下设市政、行政、卫生、交通、社会保证、邮电（后改邮政总局）六个管理局，每个局设局长一人。其任务涉及中华苏维埃共和国内多方面工作，并直接关系到工农群众和红军及家属的利益。其职责范围从对行政区划的增设撤并，到中央苏区人民的婚姻、死亡、土地契约、工商业登记、拥军优属、修路搭桥、邮政传递、禁杀耕牛、调解纠纷、社会救济等等。各省、县均设内务部，负责本地区的民政工作。

由于中华苏维埃共和国临时中央政府刚成立不久，一切事情都要从头做起，而且内务人民委员部的工作涉及方方面面，更需要统筹安排。何叔衡到任后，首先整顿了苏区的邮政工作。临时中央政府成立前，中央苏区的邮政工作很不健全，交通负责人员没有很好的工作方法和计划，更没有统一的组织。江西和闽西的邮局处于各自为政、交通阻滞的状态，有时报纸或信件甚至重要的信件，本来一二天就可送到，要迟至八天或十天才到，有的信件还有丢失，严重地影响了工作。为了解决邮政工作中存在的问题，1932年4月24日，内务人民委员部召集闽赣两省县邮政局以上的交通负责人会议。会议讨论并决议整理苏维埃邮政的办法，制定了邮政暂行章程，决定暂以瑞金为起点，按军事重心，与交通要道，分设6条邮路干线。同月，何叔衡以内务部代部长名义签发了《临时中央政府内务部布告第一号——关于统一苏维埃邮政问题》。该布告对中央苏区邮政工作作出如下决定：1.建立中央邮政总局，统一中央苏区的邮政，在各省设立邮政管理局，各县及各交通要道，分设甲乙两种邮局，在非交通要道之地，设邮政分局及邮政代办所，从前闽赣两省所设的各样名目，概行遵照新章更名。2.制定邮件寄费新章和新式邮票4种，以资统一。自5月1日起，一律按照新章实行，从前闽赣两省所规定之邮章、邮票，宣布取消，其已经为各机关购存之邮票，请到各局退还现金。3.以后各机关及工农群众邮寄信件、印刷物品及包裹等项，均照新章贴足邮票，凡未贴足邮票者，按章加倍罚款。4.红军信件仍照红军优待条例办理，凡窃盖红军免费印记之非红军信件，一经查出，则加倍处罚[①]。

同时，何叔衡还签发了《临时中央政府内务部训令——整理苏维埃邮政统一组织统一办法》。该训令规定：中央邮务总局之下，各省设省邮务管理局，各县则按照其是否交通要道及军事重心地点，设甲乙两种邮局，各重要市镇及交通区域，则设立邮务分局，或邮政代办所。所有以前的两省自定之各样名目，应即照章更名。有些需要撤销的，应即通令取消，有些人数不够，应即补足，以达到所规定之人数。该训令还对各级邮局的每月经费，邮务工作人员的来源、工资，邮局办公时间及各地邮政人员的任免等，作出了具体规定[②]。

5月1日，中华苏维埃共和国邮政总局建立，由内务人民委员部领导。从此，中央苏区邮政工作有了统一的领导机构。邮政总局成立后，很快制订和颁布了《中华苏维埃共和国邮政暂行章程》及许多内部管理制度，发行了苏维埃邮政邮票，加强了对人员的管理和教育培训，并先后开办了多期邮政业务训练班。邮政总局初建时，除负责领导苏区的邮政工作外，还兼办邮政业务，为中央所在地各机关、团体通信服务。当时，苏维埃邮政

① 《红色中华》1932年4月13日。
② 《红色中华》1932年4月13日。

的邮路以瑞金为起点，设有 6 条干线邮路和 15 条特别快递干线邮路。邮政总局直接管辖江西、福建两省邮政管理局和瑞金县局，其他的省管局因当时还未与中央苏区连成一片，所以总局无法直接管理。邮政总局建立后，为方便红军指战员与家属通信，在红军总部设立了红军总信柜，作为邮政总局的派出机构。红军总信柜又在各军、师、团设有红军信柜和邮政递信员，负责传递部队的来往信件。由于内务人民委员部和邮政总局加强了对苏区邮政工作的领导，使苏区邮政工作改变了以前的状况，一个红色邮政网逐步建立和完善起来。

苏区的邮政工作是与革命斗争紧密相连的，它的性质与任务不同于一般的邮政业务，不仅仅是传递一般邮件，而是必须配合革命形势的发展，适应革命斗争的需要，为夺取革命胜利而服务。当时邮政总局局长、红军总信柜的主任赖绍尧回忆了红军总信柜的情况，反映了苏区邮政工作的重要作用。他说：

例如，红军总信柜（即军邮）在组织上属于中央军委总政治部领导，而在业务上则由邮政总局指导。为了密切配合、加强军邮工作，邮政总局还选派负责同志到红军中建立总信柜，为红军及其家属服务，我就是中央邮政总局选派到红军总政治部去担任红军总信柜主任，在总政邓秘书长（小平）领导下进行工作的。当时红军总信柜之下，各军团——一、三、五、七、九军团及所属各军，都分别设有军团信柜及军信柜，其中业务较频繁的是一、三、五军团（七、九两军团因地处赣东北、鄂豫皖，联系比较困难）。除特别重要的军事机密文件须由部队武装护送传递外，邮件、报刊、包裹均由信柜、邮局传递。同时，邮局收寄信件、报刊、包裹之外，另有特别快信，专为传递党、政、军的重要、紧急文件而服务。这种信，只有中央局、中央军委、总政、中央政府、省委、省政府及省军区才能交寄，也只有中央邮政总局和省邮政管理局、中心县局才能收寄。这种信的递送，规定了专人负责，随到随走，限定时日送到，每小时行程十里，日

何叔衡

夜不停，风雨无阻，倘遇递信员走了，邮务员、局长都得走。收寄的信，邮局至多只能停留十分钟以内，就得送出。这是由于当时电讯通信设备很不普遍，除指挥作战的大军团，配有有线或无线电话器材外，一般都是通过邮递来沟通情况，进行联系的。省军区与中央军委之间的来往联系，也是如此。事实上，当时苏区邮政担负了机要交通与传递邮件的双重任务①。

经过整顿，中央苏区各邮局基本上贯彻了内务人民委员部颁发的布告（第一号）和训令精神，按照邮政暂行章程管理邮政工作，使苏区的通邮、机要文件的传递等工作正常运转起来。但是，邮政工作仍然存在着许多问题。由于干部缺乏，不能按需要撤换干部，以至仍有少数坏分子存留在各地分局，故意停滞邮件或拆毁邮件妨害苏区交通；有很多地方政府、群众团体以及各机关、红军部队仍有不遵照邮政章程贴足邮票，欠资邮件亦不肯补给邮局；还有人故意乱发特别快信，假冒红军信件，私刻免费戳记。为此，1932年7月16日，何叔衡签发了临时中央政府内务人民委员部命令第三号，严令省、县苏维埃政府及红军各级政治部的各级邮政局，务须遵照邮政章程及该命令中的规定寄递邮件，纠正过去交通工作中不规则现象。命令中规定了10条，其主要内容是：更换红军及其家属通信的免费戳记；除受政府优待免费之红军家信外，任何机关任何人寄信件，必须照章贴足邮票；明确特别快递班次和干线；局所之间设立的距离应根据具体工作情况而定；邮务人员的节假日休息等等②。另外，为限制特别快信的发出范围，1933年5月11日，人民委员会发出第八号通令，禁止因私事乱发特别快信，以妨害军事情报的投递，浪费公款。

中央苏区的邮政工作，在内务人民委员部的领导下，制定了统一的规章制度，培养了一大批邮政工作骨干，逐步纠正了邮政工作中存在的

---

① 赖绍尧：《中央苏区邮政的历史概况》，《江西文史资料选辑》第6辑，1981年出版，第72页。
② 《红色中华》1932年7月21日。

不良倾向，使苏区的邮政工作朝着有利于人民，有利于革命战争的方向发展。

由于中央苏区多处山区，道路狭窄，河道阻塞，交通甚为不便。因此，中央苏区修筑道路和桥梁的工作也是十分艰巨的，它直接关系到红军大部队的运动和根据地的各项建设事业。内务人民委员部成立后，发布了第一号训令，规定了修筑道路桥梁的8项原则，并提出了竞赛办法。但是经过一段时间后，闽赣各县遵照执行的很少。苏区道路桥梁，依旧崩缺腐烂。为此，1932年6月7日，何叔衡又签发了《中华苏维埃共和国临时中央政府内务部命令——加紧修筑道路桥梁切实执行本部第一号训令所规定》。命令规定江西和福建两省苏维埃政府及瑞金县苏维埃政府内务部，转令各级苏维埃政府克日派人到各地清查道路桥梁，第一步把县与县间、区与区间的干道修好，使军队便于行进。县苏内务部要派人分途检查，向省苏内务部及本部报告修理经过，如有不执行上级命令，放弃这一工作者，以对参加革命战争怠工处分。

内务人民委员部的命令公布后，各级苏维埃政府切实加紧了这一工作。江西省苏维埃政府制定了修筑各县道路桥梁的计划，并规定每县支、干线于当年底和翌年2月分两期完成。据1932年11月各县的报告，兴国县的道路全部进行了修整，其中按照省苏维埃政府规定的道路宽度标准，修好了48段共520里，桥梁修好的98座，尚未修好的41座。宁都县的道路按原规定正在进行修筑。永丰县的道路正在修整，桥梁已修好43座，尚未修好的3座，这个县还制定了5个月竞赛筑路条约。万太县的道路已修好十分之五，桥梁修好97座，尚未修好的22座。安远县的桥梁有十分之一已修好。公略县的道路基本上已修筑完。寻邬各乡区道路也已开始整修。福建省修筑道路桥梁的工作，自内务人民委员部的命令发出后，也已着手准备。到11月份，通往闽北的必经之路十里埔大桥和汀州汉桥、丰桥，由汀州到连城的福宁桥和至白沙的新坊桥的修筑任务均已完成。但省路县路的修筑工作未能按规定的计划完成①。

为了推动这项工作，1933 年 11 月 12 日，人民委员会发布了第十八号训令。训令中提出了修筑苏区内 22 条干路及县、区、乡支路的具体规划。人民委员会和内务人民委员部把修理桥梁道路作为重要任务来抓，主要是"为了红军行动便利，为了运输的迅速，为了发展经济，流通商业，为了群众往来方便"②。

中央苏区军民坚持对敌斗争的首要条件是解决粮食问题。长期以来，由于敌人的疯狂掠夺和摧残，使苏区土地荒芜、粮食缺乏。农业生产发生很大困难。中华苏维埃共和国临时中央政府成立后，为迅速恢复和发展苏区的农业生产，采取了一系列切实有效的措施。首先是号召大量开垦荒田荒山，扩大耕地面积。1933 年开垦荒田 17.9 万担，1934 年的几个月内又开垦荒田 7300 担，兴国县基本上消灭了荒地。当时苏区还流行这样一首歌谣："多开荒地与荒田，赤色农民总动员，多铲草皮来做粪，增加产量裕财源。"③ 其次是大力兴修水利，组织群众开沟、挖河、修堤。同时还开展了互助合作运动，组织耕田队、劳动互助社、犁牛合作社等。由于采取了这些措施，中央苏区的农业生产有了很大的恢复和发展。1933 年的农业生产比 1932 年增加了百分之十五，闽浙赣区增加了百分之二十。

由于中央政府加强对农业生产的领导，中央苏区的粮食产量有了提高。于是，农民群众开始以粮换物。对于这方面的工作，由于中央政府缺乏统一领导，曾出现 1932 年的粮食紧缺。1932 年秋收新谷上市时，农民群众为了添置必要的衣物、农具，不得不将粮食贱价卖出，而奸商、富农则乘机大批贱价收买粮食，运出苏区大获其利。待到青黄不接时，奸商、富农

① 《红色中华》1932 年 11 月 21 日、12 月 5 日。

② 人民委员会第十八号训令。转引自戴向青等：《中央革命根据地史稿》，上海人民出版社 1986 年版，第 537 页。

③ 马齐彬等：《中央革命根据地史》，人民出版社 1986 年版，第 434—435 页。

又囤积操纵，抬高谷价，从中盘利，造成红军和群众的粮食困难。针对这种情况，同年 12 月 27 日，何叔衡签发了《中央内务人民委员部命令第八号——禁止粮食出口与糜费》。命令指出："在粉碎帝国主义国民党大举进攻中央苏区的当中，积存充分粮食准备供给红军及苏区群众，使能长期与敌人作战，是争取这一战争彻底胜利的主要条件之一。""近查各边区粮食出境甚多，如果不加限制，一定要影响到明年的苏区粮食。为此特通令各级边区政府，立刻禁止米谷运出白区，并根据各地实际需要，限制粮食浪费，如做粉子、造酒、喂鸡等。并规定具体限制及取缔办法，由省、县政府公布执行。这一禁止必须向群众宣传鼓动，使大家明了这是为的争取战争胜利，只有使群众大家了解，得到群众的拥护，才能彻底做到。""除禁止粮食出口与糜费外，尚须鼓动群众，多种库粮，蔬菜：如麦子、蚕豆、萝卜、油菜等，准备明年青黄不接时帮助粮食之不够。"①

1933 年春夏之间，由于敌人的进攻与劫掠，奸商富农的投机操纵，以及上一年粮食减产和缺乏调剂等原因，中央苏区出现了粮食供应困难的现象。为此，人民委员会立即采取紧急措施。3 月 4 日，人民委员会根据各地报告，发布了第三十九号命令。命令指出："中央政府已决定了粮食调剂的计划，设立了粮食调剂局，各地政府应领导群众，快快组织粮食合作社，在粮食调剂局领导帮助之下，努力进行。办米之外，还要办盐，以抵制富农奸商的积藏操纵，以防备国民党的严厉封锁，以调节各地的民食，以接济前方的军粮。"② 为了进一步阐明成立粮食调剂局和粮食合作社的必要性和重要性，3 月 6 日，何叔衡签署的《中央内务人民委员会布告》在《红色中华》报上刊出。为使布告内容深入人心，人民群众好记易背，布告采取了合辙押韵的顺口溜形式。全文如下：

---

① 《红色中华》1933 年 1 月 7 日。
② 《红色中华》1933 年 3 月 6 日。

中央苏区全境　群众数百万人
粮食问题重大　缺少调节流通
现在战争形势　敌人大举进攻
接济红军给养　关系更属非轻
江西福建两省　情形各有不同
田地有多有少　收成有欠有丰
并且有些边地　敌人抢劫一空
都是工农阶级　父母姊妹弟兄
应该同心合力　向着困难斗争
粮食调济设局　中央正在经营
粮食合作设社　各地都要进行
甲县运到乙县　不能阻挡留停
大家有了饭吃　大家好打白军
省县区乡政府　拿住这个中心
要向群众解释　发展阶级同情
倘有造谣操纵　不论奸商富农
定要严拿办罪　法律决不宽容

中央苏区各地的粮食调剂局成立后，收购粮食、储存粮食、调剂粮食、组织出口。通过购、存、调、销，打击奸商，平抑粮价，保证军需民用，并出口换回必需的工业用品，有力地稳定和发展了苏区的经济，扭转了春荒缺粮的局面。

耕牛是当时农业生产中不可缺少的劳动工具，因此保护耕牛也是促进农业生产的保证。内务人民委员部还根据人民委员会第37次常务会议决议，负责在"苏区境内，不得禁止耕牛流通，但严禁宰杀，严禁出白区"[①]

---

① 《红色中华》1933年3月21日。

的工作，以保障苏区农业耕种之用。

中央苏区的卫生防疫工作，也是内务人民委员部的职责范围之一。1933 年 1 月 31 日，人民委员会第 31 次常务会议议决，为保障工农群众的健康，责成内务部举行大规模的防疫运动。根据人民委员会的决定，何叔衡组织部内人员研究此项工作。2 月 13 日，《红色中华》报专门发表了《加紧防疫卫生运动》的社论。社论提出"必须进行广大的防疫运动，防止春疫和减少苏区内劳苦群众的疾病与死亡"。"必须在广大群众中，进行防疫卫生运动的宣传，将每一个群众都动员起来，积极的，自觉的参加这一运动。"社论要求：组织群众的卫生委员会；组织特殊的礼拜六或义务劳动日，进行清洁工作，造成对于公共卫生和个人卫生的社会督促；向群众普及卫生常识，解释各种传染病的来源和预防方法，要他们不喝生水，不吃腐败的东西，不吃苍蝇接触过的食物，养成卫生习惯；动员广大群众，检查没有深埋的尸体，防止腐烂发生瘟疫；切实注意和改善医院的卫生设备；组织检查卫生和清洁的突击队；办好宣传卫生的壁报及一切小报，使其起到批评和督促的作用等等。7 月，内务人民委员部颁布了《卫生运动纲要》。《纲要》强调指出："苏区的卫生运动，是为了解除群众的切身痛苦，为了增加革命的战斗力，是苏维埃战斗任务的一部分。"为此，要求卫生工作"要天天做，月月做，年年做，家家做，村村做，乡乡做"①。《纲要》还介绍了农村中天花、痢疾、伤寒、霍乱、白喉、鼠疫等疾病的来源以及防治的具体方法。

经过大力宣传，苏区的城市、乡村、机关和部队中都相继建立了各级卫生组织，在卫生运动委员会的领导下，积极开展卫生竞赛。家与家、组与组、村与村、乡与乡、区与区，以至发展到县与县、机关与机关、部队与部队之间都展开了竞赛，竞赛优胜者，送旗登报上红榜，并颁发物质奖

---

① 转引自戴向青等：《中央革命根据地史稿》，上海人民出版社 1986 年版，第 571 页。

品。各个地区、机关还规定卫生运动日，组织卫生突击队，定期进行卫生检查。各级苏维埃政府派出的指导员，到各区乡考察和推动卫生工作。苏区卫生运动的开展，大大地增强了军民的身体健康，防止疫病流行。

何叔衡领导的内务人民委员部还十分重视苏区内的群众体育运动，就是临时中央政府机关的工作人员也不例外。当时，中央政府机关所在地与邮政总局相邻，两个单位的机关人员在一起上早操。据赖绍尧回忆：

由于我是从部队来的，就指定我担任教练。那时我很年轻，早操也不同于现在的广播操或工间操，完全是一种战斗的锻炼，组织纪律很严，不论年纪大、职务高的首长，都要按时去出操，除特殊情况外，谁都不许请假。要我这个年轻人像部队指挥员对战士那样执行教练任务，思想上感到拘束、顾虑和胆怯。但是，大家都很主动自觉，进行锻炼，无故不到的，始终没有发现。即如领导我们的内务部长、苏区五老之一的何叔衡同志，虽然年纪大、动作较缓慢，也和大家一样，天天坚持参加[1]。

在领导的带动下，中央苏区的体育运动有很大发展。1932年9月4日，为了增强红军的战斗力，以粉碎敌人的第四次"围剿"，红军学校在瑞金附近举行了一次盛大的运动会。比赛项目有刺枪、基本教练、战斗动作、篮球、跳远、跳高、爬杠等。1933年5月30日至6月3日，中央政府在瑞金叶坪举行了全苏区第一次规模宏大的运动会。中央苏区体育事业的发展，增强了红军和人民群众的体质，提高了军民的抗病能力，对发展生产和参加革命战争，起了积极的作用。

何叔衡在内务人民委员部担任代理部长期间，在各种困难和繁重的工作面前，从不畏缩，以高度的责任感，以极其严肃认真的态度，对待每一项工作，而且都作为一项重要任务来完成，使中央苏区的内务工作有了很大的改进。1934年2月1日，在第二次全国苏维埃代表大会上，何叔衡继

① 赖绍尧：《中央苏区邮政的历史概况》，《江西文史资料选辑》第6辑，第74页。

续当选为中央执行委员，但不再担任内务人民委员部代部长职务。至此，何叔衡结束了内务人民委员部的领导工作。

担任临时最高法庭主席

1932 年 2 月 19 日，人民委员会第七次常务会议决定组织临时最高法庭，以判决重要政治犯，并委任何叔衡为临时最高法庭主审，即临时最高法庭主席。这对于 56 岁的何叔衡来说，检察、内务、司法三副重担一人挑，担子确实很重。但是，为了革命事业，为了苏维埃政府的建设，他默默地承担着重任，尽自己最大努力，把每一项领导工作做好。

临时最高法庭是中华苏维埃共和国的最高审判机关。临时最高法庭的工作，是一项原则性、政策性、法律性极强的工作，不能出现丝毫偏差。何叔衡作为一个人民法官，在当时的历史背景下，做到了执法严明，裁决准确。

当时，中华苏维埃共和国的法制建设还是一个空白，需要制定一套符合和维护人民利益的法规。然而，这时的中央苏区正处在逐步贯彻执行以王明为代表的"左"倾教条主义错误路线时期。中共中央的"左"倾错误政策推行到中央苏区，是在中华苏维埃共和国临时中央政府成立之前。在 1931 年 1 月召开的中共六届四中全会上，王明在共产国际代表米夫的支持下，实际上掌握了中共中央的领导权。因而，四中全会成为以王明为主要代表的"左"倾教条主义在党中央占据统治地位的开端。

六届四中全会后，王明的"左"倾教条主义开始在各地贯彻。中共中央派遣许多中央代表或"新的领导干部"到全国各地去，传达六届四中全会精神，进一步推行"左"倾教条主义，开展所谓"反右倾"斗争，"改造各级党的领导"。4 月中旬，由任弼时、王稼祥、顾作霖组成的中央代表团，从上海经香港、汕头取道闽西到达宁都的青塘，与在根据地的苏区中央局成员项英、毛泽东、朱德会合。当时，苏区中央局第一次扩大会议刚刚结束。由于会上尚未传达六届四中全会文件，于是4月17日又在宁都青塘召开一次会议，作为中央局第一次扩大会议的继续。会议专门听取了关于六届四中全会及中央对目前形势估量的报告，和中央代表团关于富田事变的意见。

苏区中央局第一次扩大会议在政治上接受了六届四中全会精神，使王明"左"倾教条主义传达到了中央苏区。但由于毛泽东、朱德和过去总前委的正确领导已为苏区广大干部和群众所拥护，并得到扩大会议多数同志的支持，因而这一"左"倾错误尚未能在中央苏区的实际工作中全面贯彻。

1931年11月1日至5日，在中央代表团的主持下，苏区党的第一次代表大会（即赣南会议）在瑞金叶坪村召开。这次会议是根据同年9月1日《中央给苏区中央局并红军总前委的指示信》的精神召开的。该信指责中央苏区犯了"缺乏明确的阶级路线与充分的群众工作"的"最严重的错误"。因而，会议在中央代表团的主持下，一开始就在根据地问题、军事问题、土地问题等方面展开了争论。当时，毛泽东坚持认为，中央苏区从实践中形成的一整套路线和方针是正确的，符合根据地实际情况。几个中心县委书记也举出大量事实来支持毛泽东的看法。但中央代表团却始终按照"九月指示信"的基调对中央苏区的工作进行批评和指责。

在根据地问题上，他们不顾中央苏区在频繁艰苦的反"围剿"战争中，根据地和红军的作战线不固定的实际情况，错误地指责"中央区的根据地还是很流动的"，"阶级群众没有充分的发动起来"。他们虽然提出了巩固与闽西的联系和贯通湘赣苏区及赣南零星苏区的任务，但又错误地提出要在根据地内开展超越民主革命阶段的阶级斗争，即"雇农贫农反对富农的斗争，工人反对雇主的斗争"，以此来贯彻"明确的阶级路线与充分的群众工作"。在军事问题上，会议指责中央苏区的红军没有"以肃清地主富农商人等分子为中心",而提出"洗刷流氓"是"模糊了阶级路线",错误地把红军中出身于地主、富农、商人家庭的分子当作"阶级异己分子",提出"阶级异己分子应当继续肃清,干部应当是工人的、贫农的"①。同时又指责中央苏区"目前红军中表现最严重的问题,就是游击主义的传统,还是深远的保留着"②。提出"要教练阵地战,街市战,白刃战,夜战的技能,要坚决反对落后的阻止红军技术进步的狭义的经验论"③。在土地问题上,会议认为毛泽东在总结赣西南、闽西土地革命经验基础上,提出的"抽多补少、抽肥补瘦"、按人口平均分配土地的主张,同样是犯了富农路线的错误,予以全盘否定。在苏区工人运动问题上,在党的建设和党内斗争问题上,会议都提出了"左"的要求。这次会议,使王明"左"倾错误在中央苏区的各项工作中开始逐步贯彻。

苏区党的第一次代表大会后,紧接着,中华苏维埃第一次全国代表大会在瑞金叶坪村召开。这次大会和中央执行委员会第一次全体会议通过了一批法律和条例。其中有:《红军问题决议案》《关于中国工农红军优待条例》《工农检察部的组织条例》《中华苏维埃共和国劳动法》《地方苏维埃政府的暂行组织条例》《中华苏维埃共和国的选举细则》《关于中国境内少数民族问题的决议案》《中华苏维埃共和国宪法大纲》《中华苏维埃共和国婚姻条例》《中华苏维埃共和国关于经济政策的决定》《中华苏维埃共和国土地法令》等。随后,还陆续公布了关于处理反革命案件、惩治贪污犯以及财政、税收等方面的决议和训令。这些文件充分肯定了工农大众享有各项政治、经济权利,但在中间派别问题和土地、劳动、税收等问题上,也

---

① 《政治决议案》(1931年11月),《中共中央文件选集》第7册,中共中央党校出版社1991年版,第452—459页。

② 《红军问题决议案》(1931年11月),《中共中央文件选集》第7册,中共中央党校出版社1991年版,第486页。

③ 《政治决议案》(1931年11月),《中共中央文件选集》第7册,中共中央党校出版社1991年版,第460页。

规定了许多过"左"的政策。

何叔衡到达中央苏区时，以王明为代表的"左"倾教条主义错误已在苏区开始逐步贯彻。他接手主管的三个部门的工作，也必然受到"左"倾教条主义错误的影响。司法工作在"左"倾肃反扩大化政策的指导和影响下，一些省、县司法机关的干部产生了宁"左"勿右的思想，在案件审理过程中，简单化、死刑化代替了公正的裁决。对此，何叔衡不仅坚决反对这种做法，而且下大力气予以纠正。

何叔衡经手审判和审批的案件，主要是政治犯，即反革命案件。当时以反革命案件论处的有所谓 AB 团、社会民主党、改组派、托派等，这类案件增多的重要因素是以王明为代表的中共中央的"左"倾肃反扩大化政策。

1931 年 12 月 13 日，为了扭转肃反扩大化的局面，中华苏维埃共和国中央执行委员会发出第六号训令——关于处理反革命案件和建立司法机关的暂行程序。训令对处理反革命案件暂行程序作出九条规定，其主要内容是：一切反革命案件，都归国家政治保卫局去侦查、逮捕和预审，国家政治保卫局预审之后以原告人资格，向国家司法机关（法院或裁判部）提起诉讼，由国家司法机关审讯和判决；一切反革命案件审讯（除国家政治保卫局得预审外）和审决（从宣告无罪到宣告死刑）之权，都属于国家司法机关，县一级司法机关，无判决死刑之权，但有特别情形得省司法机关特别许可者不在此例；中央区及其附近的省司法机关，作死刑判决后，被告人在 14 天内得向中央司法机关提出上诉；在没有国家政治保卫局机关的地方（即国家政治保卫局，省分局，县分局，或政治保卫局特派员），当地苏维埃政府，若发现了反革命的材料须报告当地的国家政治保卫局机关，不得擅行逮捕或审讯；在审讯方法上，为彻底肃清反革命组织，及正确的判决反革命案件，必须坚决废除肉刑等等[1]。

---

① 《红色中华》1931 年 12 月 28 日。

临时中央政府执行委员会第六号训令发布实施仅半年，1932 年 6 月 9 日，《中华苏维埃共和国临时中央政府执行委员会训令第十二号——为更改执字第六号训令第二项之规定》公布。该规定将第六号训令第二项中"县一级司法机关无判决死刑之权"，改为"县一级裁判部有判决死刑之权，但没有执行死刑之权，判决死刑后，必须得省裁判部的批准后才能执行，倘若有些县与省的中间被白色区所隔断，则县一级裁判部才有判决死刑和执行死刑之权"①。这一规定把刚刚控制起来的判处死刑之权又重新扩大了。

何叔衡主持临时最高法庭的工作，就是在这样的历史背景下开始的。当时，对于需要审判或审批的反革命案件，他也只能按照临时中央政府执行委员会发布的第六号训令进行审理。但是在审理过程中，他尽量做到对每一个案件都仔细审查、反复推敲，严格掌握量刑尺度，尽可能地避免和纠正冤假错案。

1932 年 2 月 25 日至 26 日，临时最高法庭举行第一次开庭公审。地点设在中央政府大会场，何叔衡担任主审。这次审判的反革命罪犯是 AB 团、改组派及军事犯。为了将罪犯的犯罪事实搞清楚，何叔衡在未开庭之前就对每一个受审者的犯罪事实逐一进行了调查分析，尔后又征得犯罪者本人承认核准，因此这次审判进行得比较顺利。审问时，避免了严刑逼供的做法。这次对罪犯的判决，是根据临时中央政府执行委员会颁布的第六号训令精神，分别给予罪犯以严惩或宽大的裁决，对于三个 AB 团案件，只判处一年半到三年的监禁。对于四个改组派案件也只判处监禁一年半到五年。这次公审大会，由于何叔衡以事实为依据，裁决得当，使罪犯都无言可辩，参加大会的群众也深受教育。这是"左"倾路线控制下第一次有理有据的审判。

何叔衡在审理案件时，对于与事实不符、量刑不准的案件坚决予以纠

———————————

① 《红色中华》1932 年 6 月 16 日。

正。尤其是省、县、区已判死刑的案件，凡是他认为证据不充分的，就不予批准，并且改判，尽力纠正一些在量刑中的"左"的错误做法。1932年5月24日，瑞金县苏维埃政府裁判部将第20号判决书送到临时最高法庭，请何叔衡审批。这是一个被判处死刑的案件，根据判决书上列举的事实，何叔衡认为量刑过重。他经过调查核实，于5月26日作出批示。他在批示中指出："关于朱多伸判处死刑一案不能批准。朱多伸一案由枪毙改为监禁二年。根据口供和判决书所列举的事实，不过是贪污怀私及冒称宁、石、瑞三县巡视员等等，是普通刑事案件，并非反革命罪。且朱多伸曾组织游击队，参加过革命，又年已七十二岁，因此减死刑为监禁。"[①] 7月7日，何叔衡对江西省苏维埃政府裁判部省字第二号关于反革命温良、余远深等六犯并案分别判处一案的批示中写道："余远深判处死刑暂时不能批准，因余远深一案的罪状不很明白，须把全部案卷详细报告前来才能批准。……余远深一案暂作悬案，待接到你们详细报告之后再作决定。"[②] 10月14日，何叔衡在给会昌县苏维埃政府裁判部的指示信中说："第二号判决书，主要的是些偷牛偷鱼的事，至于与反动土豪通讯，到底通些什么信，产生什么影响，未曾证明，不能处死，需再搜查反革命证据，或发现反革命的新材料可以复审，不过主审人要改换。"他在这封指示信中又说："尤其是来信所谓藉奸杀人藐视'国法'，我们现在只有中央执行委员会颁布处办反革命犯的第六号训令，没有颁布什么'国法'。谢老吉到底藐视了何国的法，还要请你们回答回答。"[③] 从何叔衡对几例案件的批示中，可以看出，他审理案件非常认真，发现疑点，立即批示，重新调查，体现了重事实、重证据的原则。

何叔衡执法公正，对不该判死刑的坚决不判，对罪证确凿的反革命分

---

① 《红色中华》1932年6月2日。
② 《红色中华》1932年7月7日。
③ 《红色中华》1932年10月16日。

子也决不手软。就在 1932 年 5 月 26 日，他为朱多伸减刑的当天，同时审理了瑞金县苏维埃政府裁判部上报的关于钟同焕和罗宏接的两个反革命案件。钟、罗二犯均残杀过革命同志，罗犯还进行过收买子弹接济团匪，到苏区瑞林寨烧杀抢劫等活动，县苏维埃裁判部判处二犯死刑。对于这种杀害红军和革命同志的罪犯，何叔衡立即批示将二犯执行枪决。同年秋，瑞金县黄柏区的干部和群众联名揭发县委组织部部长陈景魁有严重问题。何叔衡立即组织人员进行调查。随后，他又亲自到黄柏区了解情况。结果证实陈景魁确是一个混进革命队伍、罪恶累累、民愤很大的恶霸地主，并任过"民团"团长。陈景魁在任组织部部长期间，利用职权拉一派、打一派，对上腐蚀拉拢，对流氓亲信重用，对军烈属实行打击报复，手段恶劣。问题调查清楚后，有一些领导出来讲情，但何叔衡坚持原则，秉公执法，毫不犹豫地排除各种阻力，将陈景魁依法逮捕、公审、枪毙。对此，群众无不拍手称快。

1932 年 10 月 15 日，何叔衡以临时最高法庭名义给寻邬县苏维埃政府裁判部的指示信中，批评县苏裁判部量刑不当，并予改判。信中说："苏维埃的法庭，当然要按照阶级路线来判决案件。但如果是叛卖阶级的坚决反革命的分子，我们仍然不能放松。此次判决的蓝昌绪，据保卫局的控告审判记录及判决书所载，如（一）组织暗杀队，吃血酒，发誓；（二）不要从红军要从白军；（三）开会要杀政府及共产党的人；（四）敌人进攻时，鼓动群众不参战，做反宣传。有一二项事实即应判处死刑，以镇压反革命的活动。不料你们只判处他半年苦工，是放松叛卖阶级的坚决反革命分子，在我们阶级战争紧张的时候，尤其是在寻邬边区，这是对革命有大危害的，所以我们批准蓝昌绪应处死刑，请你们要坚决去执行。"[①]

何叔衡负责临时最高法庭工作，不仅审理案件，还经常对地方裁判部

① 《红色中华》1932 年 10 月 16 日。

的工作给予指导。1932 年 4 月 20 日，何叔衡签发《临时最高法庭训令第二号》，其主要内容是纠正江西省裁判部判决书第一、第二号中的错误和缺点。训令指出：1.该两案的判决只在该本级裁判部是最后的，但该两案的被告人在十四日内应许有上诉权，中央执行委员会第六号训令第二项内已明白的规定。2.剥夺选举权一项应从监禁期满之日起算，至监禁期内，被告人自然无从行使其选举权。3.判决书第二号萧目峥、颜达二犯均简"着予处决"字样，究竟是着予处决监禁？还是着予处决枪决？以后的判词应有极端明显性不能稍带含混性。4.在你们文件上有所谓"江西革命法庭"字样，在新发展区域组织革命委员会掌握政权时期，可以应用，此时已不相宜，应统一名称为"江西省苏维埃政府裁判部"，对外只用这个裁判部名义。5.每一案件，除几个被告人在罪犯的事实上有密切的联系，可共作一个判决书外，其余均宜缮为单独的判决书。6.中央司法部三月八日司字第一号训令，特颁发判决书、审判记录、传票及案卷的形式共计四种，均应尊照格式处理一切案件①。

何叔衡对寻乌县苏维埃政府裁判部量刑不准的问题，曾几次写信给予批评。10 月 16 日，他在致寻乌县苏裁判部的信中又说：根据判决书的材料，"有的应处死刑，有的应监禁二、三、五年，乃你们只判处监禁至多一年少至三个月。如此审判反革命罪犯，比帝国主义国民党罚处小偷抓窃还要轻松，你们对革命是否尽责，恐成问题"②。

何叔衡对临时最高法庭的工作认真负责。经过一段时间的努力，审理反革命案件的工作逐步走入正轨，建立了司法程序，禁止了肉刑。临时最高法庭对一些案件的公正判决，使"苏维埃法庭在群众中提高了自己的信仰，司法机关已具了雏形"③。1934 年 2 月，第二次全国苏维埃代表大会委

---

① 《红色中华》1932 年 4 月 21 日。

② 《红色中华》1932 年 10 月 16 日。

③ 《红色中华》1932 年 11 月 7 日。

任董必武为临时最高法庭主席后，何叔衡不再担任该职务。

遭批判撤职

何叔衡在临时中央政府内不仅担任工农检察人民委员部部长、内务人民委员部代部长、临时最高法庭主席的领导职务，还兼任中央苏维埃工作人员训练班主任和列宁师范学校管理委员会委员。这时的何叔衡虽然年龄较大，又身兼数职，日夜操劳，但他没有任何怨言。然而，他对推行"左"倾教条主义的中共临时中央制定的一系列"左"倾政策，对中央苏区按照这套"左"倾政策制定的具体政策及做法，有着自己的看法。因而，他在工作中没有完全按照"左"倾政策办事，有时甚至进行公开的抵制。

1931年11月初，在中央苏区第一次党代表大会上，毛泽东是作为不点名的批判对象，受到在中央苏区推行王明"左"倾教条主义的中央代表团的批评和指责。他们把毛泽东从实践中总结出来的正确主张说成是"狭隘经验论""富农路线""游击主义的传统""极严重的一贯右倾机会主义"等等。提出"要集中火力反对右倾"，"在实际工作当中，要与一切立三路线影响和党内主要危险——右倾机会主义作最残酷的斗争"[①]。会议还根据临时中央的指示，以设立中央革命军事委员会，取消红一方面军总司令和总政委、总前委书记的名义，把毛泽东排除在中央苏区红军的领导之外。

何叔衡得知毛泽东受到错误的排挤和打击后，非常气愤，因为他对毛泽东是了解的。有一次，一位领导人找何叔衡，要他谈谈毛泽东"富农路线"的根源。何叔衡却反问道：什么是"富农路线？"这位领导说："富农

---

① 中央档案馆编：《中共中央文件选集》第7册，中共中央党校出版社1991年版，第483页。

路线"就是替地主富农说话谋利的右倾机会主义路线。何叔衡立即反唇相讥道：我们共产党人从投身革命就以解救广大穷苦百姓为己任，哪有高唱革命口号，行反革命之实的道理？我跟随毛泽东这么多年，从未发现他做这种贩卖革命的投机生意。几句话说得这位领导人快快不乐地走开了[①]。

自从以王明为代表的"左"倾教条主义在中央苏区开始全面推行，苏区的政治、经济、军事等各项工作随之受到严重干扰，其中尤为突出的是财政经济工作。

在土地政策上，《中华苏维埃共和国土地法令》规定："所有封建地主豪绅军阀官僚及其他大私有主的土地，无论自己经营或出租，一概无任何代价的实行没收"，"被没收的旧土地所有者，不得有任何分配土地的权限"，"富农在被没收土地后，可以分得较坏的劳动份地"；实行"平均分配一切土地"等方法。"左"倾土地政策以法律的形式强令在苏区普遍推行后，其结果是：过去在重新分配一切土地中侵犯中农利益的行为没有得到纠正；断绝了地主的生活出路，不给富农以经济出路，使得一些地主、富农走投无路、流离失所，从而造成"地主富农大批逃跑，给反革命以空隙，增加我们许多困难。例如逃出来的替白匪军带路打先锋，没有逃出的秘密破坏，通消息，造谣离间，因此内应外合……从中活动，组织政治土匪"[②]。有的地方因大量驱逐地主家属出境，后来"敌人进攻，有许多豪绅地主家属反动难民进来抢东西"[③]，给革命事业造成严重危害；又由于土地一分再分，造成了地权不稳，农民的生产积极性不高，土地成片荒芜，影响了农业生产的提高。

在劳动政策上，《中华苏维埃共和国劳动法》规定了许多脱离根据地

① 刘良：《何叔衡在红都瑞金》，《湖南党史月刊》1990年第8期。
② 李六如：《各苏区土地问题》（1944年3月），转引自许毅主编：《中央革命根据地财政经济史长编》（上册），人民出版社1982年版，第318页。
③ 《湘赣苏区省委报告》（1932年1月12日），转引自许毅主编：《中央革命根据地财政经济史长编》（上册），人民出版社1982年版。

实际情况，又不利于发展公私营企业的政策。例如提出过高的劳动条件，过高的工资要求以及片面的福利要求等等。这种"左"的劳动政策，超过了小城镇工商业者的负担能力，造成私人企业倒闭，工人失业，阻碍了工商业的发展。

在财政政策上，"左"倾财政政策与"左"倾军事路线密切相联。为了夺取中心城市，争取革命在一省与数省的首先胜利，猛烈地扩大红军是当时苏区的一项艰巨任务。1932年2月8日，苏区中央局决定"在全中国各苏区，创造一百万铁的红军，来同帝国主义国民党军队作战"[①]。然而，6月17日，苏区中央局又通过决议，要求"红军的主力必须集中，必须最大限度的迅速行动，要努力做到解除红军主力'分散'筹款'分散'做地方工作的任务（当然不是说红军不做群众工作），使红军用全力于决战方面"[②]。根据这一决定，从7月起即取消了主力红军的筹款任务，红军所需用的粮款改由政府负责供给。苏区财政工作的大转变，既使财政支出急剧增加，又使财政负担不得不全部压在苏区广大群众身上。

当时，国民党军队已开始了对革命根据地的第四次"围剿"。临时中央政府为了保障中央苏区红军进行第四次反"围剿"的物质供给，只能在苏区内采取紧急的临时措施，发行革命战争公债，提高税率，以增加财政收入。1932年6月和10月，发行了两期革命战争公债，共计180万元。1932年7月，中央执行委员会又颁布了《暂行税则》和《土地税征收细则》。两个税收条例将1931年11月中央执行委员会颁布的《中华苏维埃共和国暂行税则》作了较大修改。商业税的起征点从200元下降到100元，起征税率从百分之二提高到百分之六。农业税中，对一般农民的起征点从

① 《苏区中央局关于在粉碎敌人四次"围剿"的决战前面党的紧急任务决议》（1932年2月8日），中国人民解放军国防大学党史党建工教研室编：《中共党史教学参考资料》第15册，国防大学出版社1986年版，第153页。
② 中央档案馆编：《中共中央文件选集》第8册，中共中央党校出版社1991年版，第249页。

四担降为三担，起征税率从百分之一提高到百分之四。对于富农的起征点从二担改为一担，起征税率从百分之一提高到百分之四。税收的提高，大大增加了群众的负担，尤其是增加了贫雇农和小商人的负担。因此，取消红军筹款任务，过早地把财政基础建立在税收，即取之于民上，是不切实际的"左"的政策。事实上，在农村根据地经济不发达的情况下，税收是有限的，是不能完全保障红军给养的。

这时的中央苏区正处在外受国民党的严密经济封锁，内受"左"倾政策的严重危害，财政经济和粮食供应极度困难时期。作为身临其境且又在临时中央政府中担任重要职务的何叔衡，对"左"的政策导致苏区财政经济困难及粮食缺乏的现状极为不满，对过于增加群众的经济负担更有意见。1932年2月8日，苏区中央局提出"借二十万担谷子来帮助革命战争，应该是目前的战斗任务"①。这个任务在当时显然是过高过急，但为了完成这一筹粮任务，在秋收前，群众口粮也很缺乏的情况下，采取突击动员，迅速征收了群众不少粮食。对于这种做法，何叔衡是不赞成的。因此，这年秋收后，他在中央政府布置征收粮食动员大会上的讲话中，特别强调要注意减少群众负担，不要扰乱百姓的正常生活。并指出粮食和财政的困难要靠我们大家共同来克服，过多地增加群众负担是不可取的做法。他认为造成粮食困难的原因之一，是与当时的土地政策有很大关系。由于土地一分再分，造成地权不稳，群众生产积极性不高，使部分土地没有获得应有的收获，致使粮食减产。

何叔衡讲这些话是经过调查研究的。早在秋收时，何叔衡在帮助群众收割过程中，看到有几处田里谷穗长得很短，便向群众询问，得到的回答是这几处田地由于迟迟分不到户，是过了种植季节才插的秧，因此庄稼长势不好。这件事，使何叔衡对"左"的土地政策干扰群众生产，有了进一

---

① 《中共党史教学参考资料》第15册，国防大学出版社1986年版，第154页。

步认识。由于粮食缺乏，何叔衡提议以菜充粮，还亲自带领一些干部自种萝卜、白菜。

然而，何叔衡的这些不经意的言论和行动，遭到了"左"倾错误路线执行者的反对。1932年冬，中央政府机关的党总支委员会召开会议，批评他言论右倾，同情反革命；还批评他官僚主义，说他政治上动摇不定，拿法律观念来代替残酷的阶级斗争，使反革命分子得不到应有的惩处等等。有人还曾提议撤销他的领导职务，只因当时云集区区委和瑞金县委都不同意而未能实行（当时中央政府机关总支是属瑞金县云集区区委会管辖，因此处分干部要由区委、县委表态）。

1933年1月，中共临时中央由上海迁入中央苏区。随后，临时中央政治局和中央苏区中央局合并，成立新的中共中央局，博古为总负责人。中共中央局成立后，为了积极推行所谓"积极进攻路线"，不顾苏区具体情况，接连下达"猛烈扩大红军"的指示，并限时限刻要求地方输送大批新战士到前线补充红军。为完成"扩红"任务，福建省委不得不将上杭、永定、龙岩的县独立团、区独立连、乡独立排，连人带枪一起调走，补充主力红军。地方武装一空虚，还没有来得及补充，敌人便乘机向边区进攻，使处在战争前沿的边区群众的生命财产受到很大损失。当时群众意见很大，对能否保卫边区产生了悲观消极情绪。于是，闽粤赣省委代理书记罗明依据边区的实际情况，接连给省委写了《对工作的几点意见》和《关于杭永情形给闽粤赣省委的报告》，坦率地反映了闽西东部的情况和自己对应该怎样坚持边区斗争的意见。罗明主张：扩大红军要有计划、有步骤地进行，不能一味削弱地方武装去"猛烈扩大红军"。对边区与中心区应该有所区别，扩大主力红军应以长汀等苏区内地为中心和重点；边区目前最中心的工作，是动员群众，发展地方武装，开展游击战争。在军事战斗部署上，"要用最大的力量迅速的方法与最短的时间赤化连南、汀东南，使新泉与连城、长汀巩固联成一片；同时，要与宁化、清流联结起来向永安方面发展，这是巩固闽西与闽北打成一片发展计划中最迫切的工作。"①罗明所提的意见，是完全符合当时当地实际情况的。但是，以博古为首的中共中央局领导集体，对于罗明提出的意见，不仅没有引起重视，反而认为不符合党的进攻路线，是"动摇懦弱无气节的小资产阶级的分子"，是"悲观失望""退却逃跑"的表现，是右倾机会主义的典型。并于2月15日作出决定"在党内立刻开展反对以罗明为代表的机会主义路线"，同时撤销了其省委代理书记的职务。

于是，在中央的压力下，从组织上开展反对"罗明路线"的斗争很快在福建发动起来。这场斗争不久便扩大到江西，掀起了一场以反对邓（小平）、毛（泽覃）、谢（唯俊）、古（柏）为代表的"江西罗明路线"的斗争。

这场"反罗明路线"的斗争，从福建到江西，从地方到中央政府机关，以至波及到主力红军部队。早已在中央政府机关的党组织中受到批判的何叔衡，此时则被当作"罗明路线的另一种倾向"，受到公开点名批判。7月5日，《斗争》第17期上发表了"左"倾错误的主要领导者写的《火力向着右倾机会主义》一文，集中批判了何叔衡的所谓右倾机会主义。文中把何叔衡反对由于推行"左"倾政策，造成财政经济和粮食供给困难，而又过多地增加群众负担的做法，说成是右倾机会主义。文章说："像何叔衡同志等那样这种对于自己力量的怀疑与不信任，对于敌人力量的夸大与恐怖，自然更会使我们的一些同志根本怀疑到我们党所采取的一切政策的正确。碰到粮食问题或财政经济的困难时，这些同志就以为这种困难，不是由于外面帝国主义与国民党的封锁与地主资本家与富农的捣乱与怠工，而完全是由于我们自己的错误，甚至有人说一切我们的困难，都是由于我们分田时的错误。这样，岂不是我们轻轻的把帝国主义与国民党，以及地主

---

① 罗明：《对工作的几点意见》，《中共党史资料》1982年第2辑，中共中央党校出版社1982年版，第271页。

资本家以及富农的罪恶轻轻放松了吗！？""这种罗明路线的机会主义的情绪，是在新的困难前面在另外一种形式中增涨起来了。"

文章没有全面反映当时中央苏区的实际情况，而抓住何叔衡当时讲过"各级苏维埃政府成为地主富农压迫工农群众的工具"一语大加指责，说："像何叔衡同志等这类对于土地革命与苏维埃政权的机会主义估计，自然使何叔衡同志等不能坚决的执行党的进攻路线，而在困难前面表示投降屈服。在何叔衡同志一年多在工农检察部中的工作，也完全证明了这一点。苏维埃政府中最战斗的反官僚主义的机关，在何同志领导之下，都变成了最标本的官僚主义的机关。这种官僚主义自然同何同志的政治动摇不能丝毫分离的！"

9月3日，《红色中华》发表了《官僚主义与政治动摇》一文。该文继续指责何叔衡是"犯了很严重的官僚主义的错误"，"错误的根源是政治上的动摇"。文中说："何叔衡同志没有把工农检察造成群众运动，仅仅忙于一些个别事件及填填检举表的官样文章，做了一年多工农检察工作，还只是'官僚'的检察没有真正'工农'的检察。"文章指责"工农检察部在查田运动中，在改造苏维埃运动中，甚至在肃反运动中，都没有起积极作用，是站在旁观的样子"。

对于这些无端指责，何叔衡在批判他的会上，只承认"他执行了官僚主义的工作方式"，同时表明在政治上"我从来没有动摇过"。

此后，对何叔衡的批判无限制的上纲。11月5日，《斗争》第33期上发表了《粉碎五次"围剿"与反倾向斗争》的文章。该文说："何叔衡同志的观点，是自由主义的，不是马克思主义的，不是我们的观点。反对这种观点，必须用全部力量去做斗争，尤其是因为这种观点，不是偶然的，也不是只在中央苏区才有，而在别的地方，在湘鄂西也有同样发现的。"正如文章所说，何叔衡的观点代表了当时一部分坚持正确政策的同志。

面对这些无理的指责和批判，何叔衡始终认定自己的做法是正确的，因而他没有退缩。就在被批判的同时，他在处理临时最高法庭的工作中，仍然坚持实事求是，依法办事。1933 年 10 月，何叔衡审批江西省苏维埃政府裁判部第一八二号判决书，关于王××判处枪决一案时，经过仔细审查判决书中关于王××犯罪的全部材料，认为只有少量贪污公款一项是属实的，其他各项或者是任意夸大的，或者是很不落实的。10 月 12 日，他对这个案件作了一个很长的批示，对全案材料所列举的"事实"一一作了分析，指出原判是"过左的判决"，"王××只是贪污公款（量少），不见有反革命重大行为，处以死刑，是非常失当的，应改为监禁一年，剥夺公民权一年。"并在批示中明确指出，除所贪污的财物收缴回公家外，"原判宣布无效，希即照批示执行"①。本来"左"倾路线的执行者对何叔衡多次按事实改判量刑，尤其是对已被判死刑的案件的改判已经不满，这次他又是这样审慎的批复，更加引起"左"倾政策的执行者的不满。他们认为："只有那些有意曲解苏维埃法律的阶级异己分子，或者那些崇拜资产阶级'司法神圣'的书呆子或俘虏，才会把苏维埃法律用来替反革命分子辩护或减轻罪行"②，矛头直接指向坚持原则的何叔衡。对于这种错误的说法，谢觉哉曾尖锐地指出："何叔衡同志本来处理得对的案子以为不对，这种领导不可能培养好的司法作风。"

何叔衡这种坚持原则实事求是的精神，不仅表现在不顾任何政治压力，坚持正确的意见；同时还表现在不固执己见，知错即改的方面。他在对干部的处分问题上，也有过处理不当的决定。但是，当别人指出后，他就及时予以改正。有一次，他批判了几个干部，这几个干部不服气，把详细情况书面报告了临时中央政府主席毛泽东，并请阅后转给何叔衡。何叔衡看后，亲自找这几个干部作检讨说：我当时不了解情况，现在看来你们没错，

---

① 《裁判半月刊》第 6 期，1933 年 10 月 20 日。

② 转引自何实山、何实嗣：《何叔衡同志在中央苏区》，《革命回忆录》（五），人民出版社 1982 年版，第 35 页。

我错了。这几个干部听后很受感动，非常钦佩他这种勇于自我批评的精神。

对于何叔衡，"左"倾错误的领导者见批他不服，斗他不改，曾经提出要在工农检察部组织群众法庭来审判所谓官僚主义者，并声称："对于小资产阶级的分子，如若他们的言论与行动，违反了苏维埃政权的利益与苏维埃的法律时，苏维埃任何时候都会表现出他是依靠武力的权力的机关，苏维埃对于这些分子并不放弃逮捕、监禁以至枪决的处置。"[1]1934年初，何叔衡终于被撤销了全部领导职务。

当时在毛泽东身边担任秘书的谢觉哉，为何叔衡被撤职一事，曾三次去询问毛泽东。因为那时谢觉哉刚到中央苏区不久，不了解其中内情。第一次问，毛泽东没有吭声；第二次问，毛泽东仍然没有吭声；第三次问，谢觉哉直截了当地说："主席，中央为什么要整何老头？何老头有么子错？"毛泽东仍然一声不吭，像怕被继续追问，弓着背，缓步走开了。很快谢觉哉了解到毛泽东当时名义上虽然仍是中央政府主席，实际上被排斥出了中央领导核心，变得有职无权了。看到革命不断遭受损失，他的心情十分痛苦，但为了顾全大局，他不得不忍辱负重，对许多重大问题保持沉默。谢觉哉在日记中记述了这段往事："叔衡同志被撤职时，我问：'是否须下撤职令'。毛主席举目望我一阵，不说话。我站着等回答，他忽然起身走了。'大概就这样罢'。我想……我太迟钝了，竟没想到里面有那么多文章。"[2]

面对错误的批判和撤职，何叔衡的心情是极为沉重的。但他始终以一个共产党员的党性原则严格要求自己，坚持从大局出发，依然踏踏实实，忠心耿耿地从事党分配的工作。1934年3月，何叔衡参加了审判雩都县苏维埃政府主席熊仙壁的工作。当时，蒋介石正对中央苏区进行第五次军事

---

① 转引自何实山、何实嗣：《何叔衡同志在中央苏区》，《革命回忆录》（五），人民出版社1982年版，第36页。

② 转引自何实山、何实嗣：《何叔衡同志在中央苏区》，《革命回忆录》（五），人民出版社1982年版，第36页。

"围剿"，也是中央红军第五次反"围剿"战争进入了最困难的时期。苏区日渐缩小，粮食极端困难。就在这种危难时刻，中央政府执行委员会委员、雩都县苏维埃政府主席熊仙壁，竟利用职务之便，贪污公款，纵容反革命分子，私运粮食到白区贩卖，在群众中造成恶劣影响。对此，最高法院遵照中央执行委员会命令，组织了以董必武为主审，何叔衡、罗梓铭为陪审，李澄湘、邹沛甘为书记，有临时检察长梁柏台参加的最高特别法庭。3月25日，最高特别法庭对熊仙壁进行了审判。并根据事实，对渎职贪污犯熊仙壁依法作出监禁一年，期满后剥夺公民权一年的判决。这个案件的审理和判决情况后来在《红色中华》报上公布。

此后，何叔衡还经常和其他同志一道去医院慰问红军伤病员，到烈军属家里去帮助劳动，解决困难，表现了他对党、对革命、对人民的无限忠诚。他依然勤勤恳恳地"像牛一样地做事"。

血洒长汀

1933年9月下旬，蒋介石调集50万兵力，向中央苏区发动了第五次大规模的、疯狂的反革命军事"围剿"。然而，这时的中央苏区正处在以博古为首的临时中央全面推行王明"左"倾教条主义的时期。因而，中央苏区和中央红军的第五次反"围剿"也必然受到"左"倾错误的影响。中央苏区这次反"围剿"战争的最高军事指挥权，实际上掌握在中共临时中央的主要负责人博古和共产国际派来的军事顾问李德手中。他们在指挥这次反"围剿"战争中，废弃了过去几次反"围剿"中行之有效的积极防御方针，而主张实行"御敌于国门之外""短促突击""与敌人拼消耗"等消极防御方针，致使红军在反"围剿"战争中迭次失利，根据地范围日渐缩小。

1934年4月，广昌失守。这时中共中央估计中央红军在苏区粉碎敌人

"围剿"的可能性已极小，于是，5 月间，中共中央书记处作出决定，准备将红军主力撤离中央苏区，并将此事向共产国际作了报告。不久，共产国际复电同意。但是，中共中央和中革军委领导人仍没有适时作出转变战略方针的决断，战略转移的准备工作只在极少数中央领导人中秘密地进行。根据中共中央书记处会议决定，博古、李德、周恩来组成"三人团"，负责筹划战略转移的工作。"三人团"中，政治上由博古负责，军事上由李德负责，周恩来负责督促军事准备计划的实施，但不能与闻所有的事情。

进入 9 月后，中央苏区反"围剿"战争形势不断恶化，红军的处境更加困难。由于博古、李德在军事指挥上始终坚持"左"倾教条主义的方针，因而战争形势对于红军越来越不利。9 月下旬，敌军已逼近了兴国、古龙冈、石城、长汀及会昌。其中心目的，则是向中央苏区的中心区瑞金推进。这时，中央红军继续在根据地内打破敌人的"围剿"已无可能，但完全可以用主力突破敌人的堡垒线，转入我之外线，即敌之内线，实行战略进攻。如果这样做，仍有可能粉碎敌人的"围剿"。这一正确主张，毛泽东和彭德怀曾分别向博古等人建议过，但遭到了拒绝。9 月底，中共中央作出撤离中央根据地的决定，命令各军团逐步撤退到指定地点集中，准备实行战略转移。

在这期间，中共中央、中央军委和中央红军准备突围转移的工作，在"三人团"中紧张地进行着。由于政治上由博古负责，因而关于高级干部的去留，都是经过政治局讨论后，由博古拍板决定的。中共中央机关、中央政府、共青团、总工会等各部门的干部，由各部门的负责人决定后，报博古批准。

此时，何叔衡因已被撤销一切职务，所以，红军要实行战略转移的决定，他自然不会事先知道，只是通过报纸，凭着观察和猜测，感觉到红军可能要转移了。何叔衡曾与同样受到"左"倾教条主义者指责和批评的董必武谈论过此事。事隔两年，董必武对当年的谈话仍记忆犹新。1936 年

10 月，他回忆道：

> 当我们感觉到主力红军有转移地区作战可能的时候，我就想：是被派
> 随军移动好呢，还是被留在根据地里工作好呢？
>
> 有一天，何叔衡同志和我闲谈，那时我们同在一个机关工作。他问：
> "假使红军主力移动，你愿意留在这里，还是愿意从军去呢？"
>
> 我的答复是："如有可能，我愿意从军去。"
>
> "红军跑起路来飞快，你跑得么？"
>
> "一天跑六十里毫无问题，八十里也勉强，跑一百里怕有点困难。这
> 是我进根据地来时所经验过了的。"
>
> "我跑路要比你强一点。我准备了两双很结实的草鞋。你有点什么准
> 备没有呢？"
>
> "你跑路当然比我强。我只准备了一双新草鞋，脚上着的一双还有
> 半新。"①

从他们的谈话中可以看到，何叔衡已做好了参加战略转移的准备。然
而，中共中央决定，何叔衡与项英、瞿秋白、陈毅、邓子恢等留在苏区继
续坚持斗争。后来，李维汉回忆说："何叔衡留下，是博古他们决定的。"②
这一决定，虽然使何叔衡的愿望未能实现，但他还是坚决地服从党的安排。
正如董必武所说："这一年近六十的共产党员，不怕任何困难，任何牺牲，
准备为共产主义的事业奋斗到底，准备随时在党的号召之下无条件地去
工作。"③

何叔衡被留在苏区，他的同乡好友、革命战友谢觉哉被批准随红军主
力转移，他们又要分别了。就在 9 月末的一天，何叔衡在他的住地梅坑为

第六章·献身中央苏区

---

① 《长征纪事》，《董必武选集》，人民出版社 1985 年版，第 14—15 页。

② 李维汉：《回忆与研究》(上)，中共党史资料出版社 1986 年版，第 347 页。

③ 《长征纪事》，《董必武选集》，人民出版社 1985 年版，第 15 页。

谢觉哉饯行。1942年，谢觉哉回忆了当时的情形："一间破旧的瓦房子，摆着几桌自养的猪鸡肉和自种的菜蔬，不知从哪里弄到了鱼——这是机关里的结束宴会。我从大军突围，他留在当地打游击。过惯了患难中分手，患难中相逢，又患难中分手的我俩，虽然不知道会面何时，但都保持着严肃与沉默。饭后他用马送我归住处，并赠我一把心爱的钢刀。"[1]1945年农历五月初五，在何叔衡70诞辰之日，谢觉哉在延安追忆梅坑惜别情景时，又赋诗一首：

> 怀沙屈子千秋烈，
> 焚券田文一世豪。
> 十二年前生死别，
> 临行珍赠小钢刀[2]。

1934年10月，敌人进占了兴国、古龙冈、宁都、石城一线。这时红军完全陷于被动，在苏区内打破敌人"围剿"的可能已不存在，只剩下突围转移一条路了。10月17日，中共中央、中革军委率领中央红军主力踏上了战略转移的征途，开始了著名的长征。

在突围转移的前夕，何叔衡看到在苏区一起共事的战友林伯渠就要出发了，于是他在住地梅坑，特备清酒、花生，邀请林伯渠作竟夕谈。何叔衡见时将冬令，旅途艰难，便将女儿实山为他编织的毛衣从身上脱下来，送给即将远行的战友，以抵御征途中的风寒。此情此景，使林伯渠的心情更加沉重，思绪万千，遂作《别梅坑》诗一首，以表惜别之情。他写道：

> 共同事业尚艰辛，
> 清酒盈樽喜对倾。

---

① 谢觉哉：《忆叔衡同志》，《解放日报》1942年5月8日。
② 《谢觉哉诗选》，湖南文艺出版社1986年版，第59页。

敢为叶坪弄政法，

欣然沙坝搞财经。

去留心绪都嫌重，

风雨荒鸡盼早鸣。

赠我绨袍无限意，

殷勤握手别梅坑①。

当时，"左"倾领导者决定，林伯渠随中央红军转移，而其刚分娩的妻子范乐春却不能同行。何叔衡希望随军行动，但又未被批准，将留在苏区坚持斗争。面对严酷的现实，是去是留，都令人心情沉重。这首诗，深刻地反映了两位战友离别时真挚、深沉和复杂的心情。

中央红军主力撤离瑞金后，根据中共中央临行前的决定，留守中央苏区的最高领导机关是中共中央分局和中华苏维埃共和国中央政府办事处。中央分局，开始由项英、陈毅、陈潭秋、贺昌、瞿秋白五人组成，后又增加邓子恢、张鼎丞、谭震林、梁柏台、毛泽覃、汪金祥、李才莲为委员，项英为书记，陈潭秋为组织部长，瞿秋白为宣传部长。中央政府办事处，陈毅为主任，梁柏台为副主任。随后，中革军委在转移途中致电项英，宣布中央军区从 10 月 22 日起成立，项英为军区司令员兼政治委员。新的领导机构，肩负着领导中央苏区及邻近苏区的党政军民同国民党反动派继续进行斗争的艰巨任务。

10 月下旬，中央分局、中央政府办事处以及各直属机关，从瑞金的云石山地区迁到雩都县的宽田地区。中央分局、中央政府办事处和中央军区驻在宽田的龙泉和石含村。10 月底，中央分局和中央政府办事处决定，从原西江、瑞金、雩都三县划出八个区，以宽田为中心，设立瑞西县，直属中央分局和中央政府办事处领导。于是，宽田成为苏区的中心地区。

① 《十老诗选》，中国青年出版社 1979 年版，第 84 页。

这时，中央苏区的形势更加险恶。原来进犯的国民党军绝大部分继续向中央苏区腹地进攻，苏区军民在中央分局和中央军区的领导下，以阵地防御战英勇顽强地予以抗击。但由于敌强我弱，到11月下旬，宁都、瑞金、雩都、会昌相继被敌占领。至此，中央苏区的全部县城和交通要道都控制在敌人手中。接着，蒋介石命陈诚指挥20多个师共20余万人，对中央苏区进行划区"清剿"。敌人从北、东、西三面向内紧缩，以集团兵力据守各个县城和交通要道，用堡垒封锁的战法，将中央苏区分割成许多小块，企图将留在苏区的红军和游击队包围在狭小地区，彻底加以消灭，摧毁苏区。

面对严峻的斗争形势，中央分局成员迅即召开会议。会上，陈毅等提出，应迅速转变战略思想，广泛发动群众，开展游击战争，采取有力措施粉碎敌人的"清剿"。项英这时也看到了问题的严重性，接受了陈毅等的正确意见。会后，中央分局立即在苏区军民中公开深入地宣传主力红军突围转移的重大意义和中央苏区面临的严重形势和任务。

何叔衡历来注意做群众工作，自红军主力转移后，他即投入到发动群众同敌人斗争的工作中去。据当年担任宽田区少队部政治训练员的郭光倍回忆：

这时局势很紧张，区里干部分到乡里去组织游击队，作坚壁清野和安置伤病员的工作。我分配到龙泉乡。正好何叔衡同志住在龙泉横圳。他经常到龙泉乡政府来作政治工作。他待群众很好，态度很和蔼，我们很快就和他熟悉了。

一天晚上，何叔衡同志在龙泉乡政府召集乡党支书、主席、文书、少共书记、妇女主任和我召开了一个座谈会。会上何叔衡同志给我们讲了当时的形势，他说：现在我们的红军主力退出了中央革命根据地，但并不是不要根据地，而是绕到国民党屁股（后）头去。我们的中央政府还在这里。到时间两面包抄他们，彻底消灭他们。我们要作好工作，思想不能动摇，剩下一个人，也要同敌人作斗争。

何叔衡同志问："地方上有没有动摇的干部？"大家你看我、我看你，答不上来。何叔衡同志批评我们说："你们的思想太麻痹了。"原来，何叔衡同志了解到：这个村子里有一个人曾被敌人捉了去，放回来后到处作反动宣传，而现在却还在担任村里的团小组长。

何叔衡同志接着说，大家要提高警惕，要防止和打击地主、富农和投敌分子的破坏活动，不然自己的性命都难保。

会上，大家又七嘴八舌地提了一些问题，何叔衡同志都耐心地一一作了回答。会议一直开到深夜才结束。

第二天，何叔衡同志来到我房里，对我说："看一个人，不能光看他的出身和历史，而要看他的思想好不好，立场坚定不坚定。我自己就是一个文秀才。我要革命，党还叫我当中央委员。所以，看人主要要看表现。"

何叔衡同志和中央其他领导同志在这里住了几天就搬走了。

会后，我们采取有力措施打击了叛变投敌分子的破坏活动，并派专人严密监视地、富分子，堵塞了漏洞，顺利地完成了上级布置的各项任务[1]。

12月底，中央分局、中央政府办事处和中央军区机关，从雩都县宽田地区转移到黄龙的井塘村。井塘村是一条狭长的山坑，有十几个屋场。因井塘村与小密仅一山之隔，且当年均属瑞西县小密区公馆乡管辖。何叔衡在井塘村时，住在谢带发家。谢带发对何叔衡的印象很深，她曾回忆说："何叔衡同志年纪较大，快六十岁了，满口长髯。大家都亲切地叫他'何老子'。"[2]何叔衡虽然年龄较大，但他仍不辞辛劳地做群众工作。后来，李六如回忆说：

① 郭光倍：《何叔衡同志召集我们开座谈会》，陈毅、肖华等：《回忆中央苏区》，江西人民出版社1981年版，第532—533页。
② 谢带发：《突围前夕的毛泽覃》，《江西党史资料》（2），第223页。

红军长征，江西苏区沦为游击区时，叔衡同志随队伍驻于都公馆乡，党派他帮助乡政府作动员工作，每天扶一根拐杖，朝出暮归，口不言劳，六十岁以上的老人做这种工作，我们当时的心里是很难过的[1]。

在这期间，尽管中央分局围绕开展游击战争，采取了一系列措施，但这只是在战略指导上的局部转变，在军事指挥上没有实现向游击战争转变，仍然继续同优势敌人打阵地战，致使主力红军第二十四师及红军独立团等遭受严重损失。1935年1月28日，红二十四师和独立三团、独立十一团在进攻赣县牛岭粤敌的战斗失败后，中央苏区红军部队的战斗力遭到严重削弱。这时，从南、北对进的国民党军，已把中革军委规定中央军区坚守的基本地区瑞金、会昌、雩都、宁都四个县城之间的"三角地区"截成数块，进行分区"清剿"，妄图将中央分局、中央政府办事处等机关，封锁在西江、宽田、黄龙（今黄麟）之间的狭小地区内，一举歼灭。而此时，中央苏区的物资供给和财政越来越困难。粮食只够吃到3月中旬，经费只能维持到2月间，弹药也供应不上。中央分局、中央政府办事处等机关部队如不迅速突围，亦可能遭致全军覆没。

在这危急关头，项英接连致电中共中央，盼望给予明确指示。很快，项英接到了遵义会议后，中央书记处于2月5日发来的"万万火急"的电报。中共中央对中央苏区的斗争作出明确指示：1.分局应在中央苏区及其邻近苏区坚持游击战争，目前的困难是能够克服的，斗争的前途是有利的。对这一基本原则不许可任何动摇。2.要立即改变你们的组织形式与斗争方式，使与游击战争的环境相适合，而目前许多庞大的后方机关部队组织及许多老的斗争方式是不适合的。3.成立革命军事委员会中区分会，以项英、陈毅、贺昌及其他二人组织之，项为主席。一切重要的军事问题可经过军委讨论，分局则讨论战略战术的基本方针。

---

① 谢觉哉：《哭凌波同志》补记，《湖南革命烈士传》，湖南通俗读物出版社1952年版，第83页。

中央分局根据党中央的指示，决定将红二十四师等部队分散到中央苏区及其邻近地区开展游击战争，实行由正规战向游击战的转变。并作出精简机关部队，改变斗争方式的部署，确定分局只保持项英、陈毅、贺昌三人的集体领导，其他领导干部立即分散转移去各地领导斗争，有病的去各地就医。

根据中央分局分散突围的安排，何叔衡将与瞿秋白、邓子恢一起，向福建转移。然后准备同瞿秋白经广东、香港赴上海。邓子恢则留在福建与张鼎丞等坚持游击战争。临行前，何叔衡来到李六如的住处，向李六如要一双鞋子穿。对当时的情景，李六如后来回忆道：

> 就在该乡工作时，党要他（指何叔衡——引者注）同秋白同志去白区时，脚上没有鞋子穿，穿一双破鞋子，动身的晚上来问我："六如，你有鞋子么？"我把江口贸易局局长陈祥生送的一双胶皮鞋给他。他长叹一声："咳！六如，不料我这副老骨头，还要送到白区去呵！"他一面说，一面流下泪来，紧紧地握着我的手①。

1935 年 2 月 11 日，何叔衡同瞿秋白、邓子恢以及项英的妻子张亮，在一部分武装人员的护送下，从雩都县黄龙区井塘村启程。他们到达瑞金县武阳区政府以后，同正在那里等候他们一起行动的原中央妇女部长周月林会合，而后继续向中央福建省委所在地长汀县四都区琉璃乡小金村前进。途中与瑞金县苏维埃政府副主席邱世桂相遇。1985 年，邱世桂回忆了当时的情景：

> 二月十七日晚（农历正月十三日），我带着四、五个人来到武阳河边，察看徒涉地点。在这里，恰巧遇上了邓子恢、何叔衡、瞿秋白、张亮、周月林一行。他们五人由一个警卫排护送，往长汀地区转移，这天晚上也来到武阳河边。我认识邓子恢同志，见面后，我问："邓部长，你来了？"他

---

① 谢觉哉：《哭凌波同志》补记，《湖南革命烈士传》，湖南通俗读物出版社 1952 年版，第 83 页。

说："是呀。你们有什么困难吗？"我汇报了敌情和我们的活动情况。他听后，说了一些鼓励的话，然后他抓了几支铅笔给我。他们一共有四副担架，当晚就在武阳附近的下州坝过绵江河，过河时，四副担架一起浸湿了。过河以后，就在黄田的袁屋祠堂烧了一堆火，烘衣服，做饭吃。吃完饭已经天亮了。我们几人和他们一行继续往白竹寨走。到了老虎岽，碰上了武阳区游击队。这时，刚巧敌人也到了老虎岽。武阳游击队立即与敌人接火，我们听到枪声，加快步伐前进。张亮听到枪声，吓得脚发抖，走不动，就用担架抬着走。在武阳游击队的掩护下，我们安全到达白竹寨。邓子恢同志他们一行继续往长汀方向前进，……①

小金村位于长汀县城西南的群山中，红军实行战略转移后不久，福建省苏维埃政府便从长汀县城移驻到这一带。何叔衡等同志到达小金村后，由于这一带形势也异常险恶，他们在此作短暂停留后，于 2 月 21 日离开小金村，向东行进，准备越过汀江，到永定县境同张鼎丞领导的红军游击队会合。

从长汀到永定有四五百里路，且山高路险，沟壑纵横。国民党军在这一地区构筑了层层碉堡封锁线，还派出大批部队和保安团日夜搜山"清剿"。为了安全，何叔衡、瞿秋白、邓子恢一行化装成香菇客商和随行眷属，中共福建省委选调人员组成护送队沿途护送。为防止路上被敌人追袭，他们昼伏夜行。2 月的闽西，春寒料峭，夜间行路对于年老体弱的人则更加困难。本来夜间行军是不能使用手电和灯火的，这次何叔衡例外，因为他已年近花甲，脚力和眼力都不及别人。护送队中的两个队员点起一盏"美最时"牌的马灯，四周遮上黑布，负责照引何叔衡夜间行进。经过几天夜行军，他们安全通过了敌人的层层封锁线，于 2 月 26 日凌晨到达长汀濯田区露潭附近。前面一条大河挡住了去路，这是闽西第一大河汀江。这时，天色已渐渐泛白，他们必须乘天色未明涉水过江，然后再找个安全

---

① 邱世桂：《我所知道的中央分局和中央政府办事处》，《江西党史资料》（2），第 190 页。

的地方休息。于是，他们互相搀扶着涉水渡过汀江，迅速向山区转移，黎明时分到达水口镇附近的小迳村。

经过一夜急行军，大家早已饥饿难忍、疲惫不堪，遂决定在这里休息吃饭，下午再继续前进。不料，他们的行迹被当地地主武装"义勇队"发现了。"义勇队"队长范连升立刻报告了驻扎在水口镇的福建地方反动武装保安十四团第二大队队长李玉。正巧，保安十四团团长钟绍葵率领五个中队在两天以前到这一带"清剿"，也在此宿营。钟绍葵得到报告后，立即下令"围剿"这支红军队伍。具体经过情形，钟绍葵后来在给国民党军驻龙岩绥靖区司令官李默庵的报告中作了叙述："2 月 24 日职率五个中队'搜剿'汀江两岸散匪，25 日宿营水口，26 日午据当地民众报告水口以下五里许之露潭有匪百余渡河，职即令第二大队长李玉率五六特务（按：原文如此）三中队前往'围剿'。迨我军追到，该匪已渡过露潭以东约五里之高山，据险顽抗。我军分三面攻击，约半小时，匪不支即满山逃窜。"[1]

原来，敌人向这支红军队伍包围过来时，何叔衡等人在村头布下岗哨后，正在村里生火做饭。当他们刚刚端起饭碗，村头响起了哨兵与敌人接火的枪声。他们立即跑到村头，只见数百名敌人沿着山道向村里扑来。这时，红军护送队队长丁头牌，一听枪响，撇下这批中央高级干部和护送部队，只身逃命去了。在这紧要关头，邓子恢当机立断，立即组织大家突围，向村子对面的一座高山牛子仁岽转移。由于敌人分几路包抄红军，所以，当何叔衡等人即将登上牛子仁岽山顶的时候，发现山顶背后羊角坳方向有敌数十人也接近山脚，形成了一个包围圈。这时，何叔衡等人决定突围。护送队拼力扑向敌人火力薄弱的地方，何叔衡手里提着那盏马灯，随同部队一起突围，但未能打开缺口突围出去。

激战多时，何叔衡见很难突出重围，自己年迈体弱，又已精疲力尽，不

---

① 《邓子恢传》，人民出版社 1996 年版，第 175 页。

愿牵连大家，就对身边的邓子恢说："子恢，我不能走了，我为苏维埃流最后一滴血。"说着，就去夺警卫员手里的枪。邓子恢急忙说："你千万不能这样！"此刻，何叔衡已站在一处陡峭的山崖边上。他纵身向山下跳去，邓子恢一步抢上去拉他，但已经来不及了。何叔衡从山崖上跳下去时，被敌人的机枪击中数弹，身负重伤。战斗结束后，敌特务连代理连长曾起和传令兵熊辉在山崖下发现了身负重伤的何叔衡，从他身上搜出了300多元港币，而后又举枪杀害了何叔衡。关于何叔衡牺牲的经过情形，后来钟绍葵向他的上司报告时写道："搜山时，有一匪年约五六十岁，面有胡须，须发微白，人颇粗健，颈部中弹，血流满身，身上搜出港币三百余元，本拟将该匪抬回，因该匪尚能说话，要求再补一枪，当有一士兵，闻该匪言语倔强，便即复补了一枪，当时不知该匪为何人，事过二月余，始经女匪周月林、张亮供称，该击毙有胡须之匪即何叔衡，匪中均叫他为何老头等语。"①

何叔衡壮烈牺牲了，实践了他生前"我要为苏维埃流尽最后一滴血"的誓言。这年，他59岁。后来，当地群众在他殉难的山崖里，找到了他的遗物——"美最时"牌马灯骨架。这盏马灯被群众一直保留到解放后。

何叔衡牺牲后，与他在一起战斗过的同志无限悲痛，纷纷撰写文章或赋诗，表达对这位可亲、可敬、可爱的战友的深切怀念。1936年8月，毛泽东、杨尚昆给各部队和参加长征的同志发出电报和书信，为出版《长征记》征稿。董必武应约撰写了《出发之前》一文，述说了得知何叔衡牺牲消息时的心情。他说：

在中央根据地，因叔衡、特立、觉哉、伯渠和我五个人年龄稍大，诸同志都呼我们为"五老"。出发时我与特立、觉哉、伯渠等，都随着红军移动，经历了千山万水，苦雨凄风，飞机轰炸过无数次，敌人抄袭过无数次，苗山彝岭的绝粮，草地雪山的露营，没有障碍住我们，我们都完全地

---

① 转引自陈君邦：《有关何叔衡牺牲的一些史实》，《党史研究资料》1991年第4期。

随着大队红军到达了目的地。只有叔衡同志留在根据地，落到反革命的手中而牺牲。这是怎样的令人悲愤的事啊！叔衡同志的肉体被敌人毁灭了，他的精神不死。现在有几十万几百万的人，踏着他的血迹前进而纪念着他。他个人死了，他在千万人的心坎上活着。那些杀害他的人，已被永远钉在耻辱柱上①。

1942年，何叔衡的同乡好友谢觉哉作《忆叔衡同志》一文，从政治思想、工作作风、道德品质以及性格等方面，对何叔衡作了全面评价。他确信何叔衡已牺牲，是在中共中央召开纪念中国共产党成立16周年大会上。他说："还在党的十六周年纪念会上，对牺牲的同志致哀，主席数到叔衡同志名字，我震惊叔衡同志的死已经证实。顿时脑子里涌现着叔衡同志临死时声音与容貌的倔强样子，……""叔衡同志很笃实、又很刚介，随时随地，有人很喜欢他，总也有人很不喜欢他。这状况，似乎一直继续到他的死。"

早年同何叔衡一起共同创建新民学会的老会员、著名诗人萧三，1981年2月25日在《工人日报》上发表了《不能忘却的怀念——忆何叔衡同志》的文章。他在文章中说："何叔衡同志被捕牺牲距今已经四十六年了。但是，他那老成持重，实干重于言辞的形象却一直萦绕在我的心头。"何老牺牲以后，我不知有多少次拿起笔来想为他写点什么，但因种种原因终未写成。最近思念殊甚，才书就这篇短文，并写了一首短诗，作为向何老在天之灵的献礼吧：

> 矍铄老翁何叔衡，
> 建党初期立殊勋。
> 作事不辞牛荷重，
> 感情一堆烈火腾。

---

① 董必武：《长征纪事》，《董必武选集》，人民出版社1985年版，第15页。

平日能谋更善断，

赤胆忠心无与伦。

铁骨铮铮壮烈死，

高风亮节万年青！

何叔衡的一生，是革命的一生，战斗的一生。人们为了纪念这位革命先驱——中国共产党的创始人之一何叔衡，在福建长汀县城南约 60 公里，汀江东岸的小迳村旁，竖立起一座 3 米左右高的大理石碑。碑上红漆镶嵌的石刻"何叔衡同志死难处"8 个大字耀眼夺目。石碑面向东南，迎面一座苍山——牛子仁岽，雄伟而险峻，它作为当年的见证，对烈士寄予无限哀思。

何叔衡烈士的故居，已是湖南省政府重点文物保护单位。1972 年省政府拨款进行修缮，并配有专人负责管理。故居是平头槽门，头门正中悬匾额一块，上书"何叔衡烈士故居"。槽门内是地坪，两边有走廊，正堂屋门上有 1950 年当地人民敬献的"开国元勋"四字匾额。正堂屋壁上挂有何叔衡遗像两帧，还有四髯合影，何叔衡在长沙楚怡教书时的师生合影，新民学会会员合影，何叔衡与妻侄女夫妇的合影，湘江学校师生合影等照片。

中共一大代表何叔衡烈士一生的光辉业绩和不朽精神，将永远激励人们前进。

何叔衡

主要参考书目

1. 胡绳 :《从鸦片战争到五四运动》下册，人民出版社 1981 年版。

2.《中国近代史》编写组 :《中国近代史》，中华书局 1983 年版。

3. 湖南省志编纂委员会编 :《湖南近百年大事纪述》(湖南省志第一卷)，湖南人民出版社 1959 年版。

4. 张静如等 :《中国共产党的创立》，河北人民出版社 1981 年版。

5.《宁乡人民革命史》编写组 :《宁乡人民革命史》，湖南人民出版社 1983 年版。

6. 马齐彬等 :《中央革命根据地史》，人民出版社 1986 年版。

7. 戴向青等 :《中央革命根据地史稿》，上海人民出版社 1986 年版。

8. 盛岳著 :《莫斯科中山大学和中国革命》，现代史料编刊社 1980 年版。

9. 曹仲彬、戴茂林 :《莫斯科中山大学与王明》，黑龙江人民出版社 1988 年版。

10. 王宗华主编 :《中国大革命史》(1924—1927) 下册，人民出版社 1990 年版。

11. 李新、陈铁健主编 :《伟大的开端》，上海人民出版社 1991 年版。

12. 黎永泰著 :《毛泽东与大革命》，四川人民出版社 1991 年版。

13. 中共湖南省委党史委编 :《湖南人民革命史》(新民主主义革命时期)，湖南出版社 1991 年版。

14.《红色中华》（1931.12.11—1933.10.18）（第 1 期—第 120 期），中央档案馆影印。

15. 湖南历史资料编辑委员会编：《湖南历史资料》，1958 年第 4 期、1959 年第 1 至 4 期、1960 年第 1 期，湖南人民出版社出版。《湖南历史资料》编辑室：《湖南历史资料》1979 年第 1 辑、1980 年第 2 辑，湖南人民出版社 1980 年出版。

16. 中国人民政治协商会议湖南省委员会文史资料研究委员会编：《湖南文史资料选辑》第 11 辑，湖南人民出版社 1979 年版。

17. 湖南省博物馆校编：《蒸阳请愿录》，湖南人民出版社 1979 年版。

18. 中国革命博物馆、湖南省博物馆编：《新民学会资料》，人民出版社 1980 年版。

19. 中国社会科学院现代史研究室、中国革命博物馆党史研究室选编：《"一大"前后》（2），人民出版社 1980 年版。

20. 中共江西省委党史资料征集委员会、中共江西省委党史研究室编：《江西党史通讯》（1981——1984）合订本。

21. 中共江西省委党史资料征集委员会、中共江西省委党史研究室编：《江西党史资料》（2），1987 年出版。

22. 中共中央党史资料征集委员会编：《共产主义小组》（下），中共党史资料出版社 1987 年版。

23. 湖南总工会、湖南省社科院历史所、湖南省档案馆编：《湖南工运史料选编》第 1 册。

24. 中央档案馆编：《中共中央文件选集》第 1 册、第 7 册、第 8 册，中共中央党校出版社 1989、1991 年版。

25. 中共中央文献研究室、中共湖南省委《毛泽东早期文稿》编辑组编：《毛泽东早期文稿》（1912.6—1920.11），湖南出版社 1990 年版。

26. 中共中央文献研究室编：《毛泽东年谱》（1893—1949）上卷，人民出版社、中央文献出版社 1993 年版。

27. 中共中央文献研究室编：《刘少奇年谱》（1898—1969）上卷，中央文献出版社 1996 年版。

28. 萧三著：《毛泽东同志的青少年时代和初期革命活动》，中国青年出版社 1980 年版。

29. 萧瑜著：《我和毛泽东的一段曲折经历》，昆仑出版社 1989 年版。

30. 李锐著：《三十岁以前的毛泽东》，广东人民出版社 1994 年版。

31. 中共党史人物研究会编：《中共党史人物传》第 4 卷，陕西人民出版社 1982 年版。

32.《谢觉哉杂文选》，人民文学出版社 1980 年版。

33.《谢觉哉日记》上、下册，人民出版社 1984 年版。

34.《谢觉哉传》编写组：《谢觉哉传》，人民出版社 1984 年版。

35.《谢觉哉文集》，人民出版社 1989 年版。

36.《萧三文集》，新华出版社 1983 年版。

37. 长沙师范学校著，陈志明执笔：《徐特立传》，湖南人民出版社 1984 年版。

38. 姜国仁、张生力：《四髯合传》，湖南人民出版社 1984 年版。

39. 胡传章、哈经雄：《董必武传记》，湖北人民出版社 1985 年版。

40. 李维汉：《回忆与研究》上，中共党史资料出版社 1986 年版。

41.《林伯渠传》编写组：《林伯渠传》，红旗出版社 1986 年版。

42. 李志英著：《博古传》，当代中国出版社 1994 年版。

43. 王辅一著：《项英传》，中共党史出版社 1995 年版。

44. 陈铁健著：《从书生到领袖瞿秋白》，上海人民出版社 1995 年版。

45.《邓子恢传》编辑委员会著：《邓子恢传》，人民出版社 1996 年版。

46. 陈毅、肖华等著：《回忆中央苏区》，江西人民出版社 1981 年版。

47.《峥嵘岁月》第 4 集，湖南人民出版社 1982 年版。

后 记

　　《何叔衡》一书是《中共一大代表丛书》中之一本，1997 年由河北人民出版社出版。时隔二十余年，走过百年奋斗历程的中国共产党，在新的征程上更加坚定、更加自觉地牢记初心使命、开创美好未来。为了持续抓好党史宣传教育，引导人民知史爱党、知史爱国，中共党史出版社再次出版此书，具有特别的意义。我作为该书的作者，一名从事中共党史研究工作的专业人员，对出版社再版此书表示感谢。

　　何叔衡是中共一大代表，是中国共产党的创始人之一。他为共产主义事业奋斗了一生，他始终勤勤恳恳、任劳任怨地"像牛一样地做事"的革命精神永远激励着人们。为了更加准确地将此书呈现给广大读者，根据出版社的要求，以及中共党史专家的审读意见，我查阅了有关历史资料，并吸收了近年来中共党史研究的新成果，对书稿进行了认真的修改。尽管如此，由于自己的水平有限，书中存在的一些缺点和错误，敬请广大读者，尤其是对何叔衡有研究的专家学者提出批评指正。同时对负责此书的编辑同志的辛勤付出表示感谢。

作 者

2024 年 1 月